해커스 감정평가사

김유안
감정평가이론

2차 기본서 | 2권 각론

한 번에 합격!
해커스 감정평가사
합격 시스템

강사력
업계 최고수준
교수진

교재
해커스=교재
절대공식

관리시스템
해커스만의
1:1 관리

취약 부분 즉시 해결!
교수님 질문게시판

언제 어디서나 공부!
PC&모바일 수강 서비스

해커스만의
단기합격 커리큘럼

초밀착 학습관리
& 1:1 성적관리

수강생들이 증명하는 놀라운 강의력!

기초부터 자세하게 알려주십니다.
다양한 예시와 문제풀이를 통해서
알기 쉽게 정리해주십니다.
- 수강생 오*영 -

듣기만 해도 이해되고 재밌고 쉬웠고
따로 공부하지 않았는데
강의만으로도 저절로 외워졌습니다.
- 수강생 윤*정 -

한 번에 합격! **해커스 감정평가사** ca.Hackers.com

서문

감정평가 이론의 시험범위는 내용적 측면에서 원론적인 부분을 담고 있는 '총론'과 실제 적용 부분을 담고 있는 '각론'으로 구분됩니다.
5년 전만해도 총론의 출제 비중이 높았으나, 최근 각론의 출제 비중이 늘어나고 있습니다.

하지만 우리 감정평가사 시험은 이러한 트렌드 예측이 무색하게 출제가 될 수도 있습니다. 1년에 한 번 뿐인 시험인 만큼 보수적 관점에서 기본에 충실한 내용 숙지가 가장 단기에 효율적으로 합격할 수 있는 정도(正道)입니다.

감정평가이론 시험범위는 방대하지만 시험의 '본질'을 파악하면 그 범위는 확연히 줄어들게 됩니다.

감정평가이론 각론의 본질은 '감정평가방법의 구체적 적용'입니다.

감정평가의 정의인 대상물건의 경제적 가치를 추계하여 그 결과를 가액으로 표시하는 것으로 각론의 본질을 파악할 수 있습니다.

1. 대상물건의 정의와 특성으로부터 가치의 원천을 파악하고
2. 의뢰인이 추구하는 경제적 가치에 부합하게
3. 가치를 추계하여 그 결과를 가액으로 표시하는 것

즉 제1장은 감정평가 3방식의 구체적 가치 추계 방식의 뼈대를 세우고,
제2장은 의뢰인별 추구하는 경제적 가치가 어떻게 차이가 나는지를 배우고,
제3~5장은 대상물건 특성에 따른 가치를 추계하기 위한 방법을 설명하고 있습니다.

감정평가이론은 핵심을 꿰뚫으면 결국 하나로 이어져 있습니다.
각 영역은 독립적이지 않고 가치의 본질과 형성 원리라는 공통된 기반 위에서 상호 연결되어 완결된 체계를 이룹니다. 이를 담을 수 있는 내용으로 책을 구성하였으니 여러분들의 효율적 공부와 합격에 도움이 되기를 바랍니다.

마지막으로 늘 정도(正道)를 걷게 하시는 하나님 아버지와 가족들, 여러 선후배 및 동기 감정평가사님들께 감사의 말씀을 드립니다.

2025년 8월
저자 김유안 드림

감정평가사 시험 안내   6

제1장 감정평가 3방식 6방법

Ⅰ 감정평가 3방식   10
Ⅱ 원가방식   11
Ⅲ 비교방식   22
Ⅳ 수익방식   32
Ⅴ 자동가치산정모형(AVM)   51

제3장 토지 및 그 정착물

Ⅰ 토지 등   86
Ⅱ 특수 토지   97
Ⅲ 건물의 감정평가   111
Ⅳ 토지와 건물(구분소유 부동산)의 일괄평가   117

제2장 목적별 감정평가

Ⅰ 담보평가   54
Ⅱ 경매평가   58
Ⅲ 도시정비평가   61
Ⅳ 재무보고평가   71
Ⅴ 조세법상 과세 기준 평가   74
Ⅵ 감정평가와 관련된 상담 및 자문 등   76
Ⅶ 공시가액평가   78

제4장 공장재단 및 의제부동산

Ⅰ 공장재단 및 광업재단의 감정평가   126
Ⅱ 토지·건물의 감정평가   129
Ⅲ 기계기구류의 감정평가   130
Ⅳ 의제부동산의 감정평가   132
Ⅴ 기타 유형별 감정평가   134

제5장 권리 및 유가증권

- I 광업권 및 어업권의 감정평가　　138
- II 영업권의 감정평가　　139
- III 지식재산권의 감정평가　　142
- IV 주식의 감정평가　　146
- V 채권의 감정평가　　151
- VI 기업가치의 감정평가　　153
- VII 동산 등의 감정평가　　157

시험안내 감정평가사

1. 응시자격

- 응시자격 제한은 없습니다.
  ※ 단, 최종 합격자 발표일 기준, 감정평가 및 감정평가사에 관한 법률 제12조상 결격사유에 해당하는 사람 또는 같은 법 제16조 제1항에 따른 처분을 받은 날부터 5년이 지나지 아니한 사람은 시험에 응시할 수 없음
- 결격사유(감정평가 및 감정평가사에 관한 법률 제12조, 2023.8.10. 시행)
  - 파산선고를 받은 사람으로서 복권되지 아니한 사람
  - 금고 이상의 실형을 선고받고 그 집행이 종료(집행이 종료된 것으로 보는 경우를 포함한다)되거나 그 집행이 면제된 날부터 3년이 지나지 아니한 사람
  - 금고 이상의 형의 집행유예를 받고 그 유예기간이 만료된 날부터 1년이 지나지 아니한 사람
  - 금고 이상의 형의 선고유예를 받고 그 선고유예기간 중에 있는 사람
  - 제13조에 따라 감정평가사 자격이 취소된 후 3년이 지나지 아니한 사람
  ※ 단, 제39조 제1항 제11호 및 제12호에 따라 자격이 취소된 후 5년이 지나지 아니한 사람은 제외
  - 제39조 제1항 제11호 및 제12호에 따라 자격이 취소된 후 5년이 지나지 아니한 사람

2. 원서접수방법

- Q-Net 감정평가사 홈페이지(http://www.Q-Net.or.kr/site/value)를 통하여 온라인으로 접수합니다.
- 인터넷 원서 접수 시 최근 6개월 이내에 촬영한 사진을 파일로 첨부하여 인터넷 회원가입 후 원서를 접수합니다(단, 기존 Q-Net 회원일 경우는 바로 원서접수 가능).
- 응시수수료*: 40,000원(1차), 40,000원(2차)
  * 제36회 시험기준

3. 시험과목

구분	시험과목
제1차 시험 (6과목)	• **민법**: 총칙, 물권에 관한 규정 • **경제학원론** • **부동산학원론** • **감정평가관계법규**: 국토의 계획 및 이용에 관한 법률, 건축법, 공간정보의 구축 및 관리 등에 관한 법률 중 지적에 관한 규정, 국유재산법, 도시 및 주거환경정비법, 부동산등기법, 감정평가 및 감정평가사에 관한 법률, 부동산 가격공시에 관한 법률 및 동산·채권 등의 담보에 관한 법률 • **회계학** • **영어**: 영어시험성적 제출로 대체
제2차 시험 (3과목)	• **감정평가실무** • **감정평가이론** • **감정평가 및 보상법규**: 감정평가 및 감정평가사에 관한 법률, 공익사업을 위한 토지 등의 취득 및 보상에 관한 법률, 부동산 가격공시에 관한 법률

※ 정답은 시험시행일 현재 시행중인 법률, 회계처리기준 등을 적용해야 함
※ 회계학 과목의 경우 한국채택국제회계기준(K-IFRS)만 적용하여 출제
※ 기출제된 문제를 변형·활용하여 출제될 수 있음

4. 공인어학성적
- 제1차 시험 영어 과목은 영어시험성적으로 대체합니다.
- 제1차 시험 응시원서 접수 마감일부터 역산하여 5년이 되는 해의 1월 1일 이후에 실시된 시험에서 취득한 성적으로, 영어시험 시행기관에서 정한 성적의 자체 유효기간이 만료되기 전에 사전등록하여 진위가 확인된 성적에 한해 인정됩니다.
- 기준점수(감정평가 및 감정평가사에 관한 법률 시행령 별표2)

시험명	토플 PBT	토플 IBT	토익	텝스	지텔프	플렉스	토셀	아이엘츠
일반응시자	530	71	700	340	65 (level-2)	625	640 (Advanced)	4.5 (Overall Band Score)
청각장애인*	352	–	350	204	43 (level-2)	375	145 (Advanced)	–

* 기타 감정평가사 국가자격시험 시행계획 공고문을 참고

5. 시험시간 및 시험방법

구분		시험과목	입실완료	시험시간	시험방법
제1차 시험	1교시	• 민법 • 경제학원론 • 부동산학원론	09:00	09:30~11:30(120분)	과목별 40문항 (객관식 5지택일)
	2교시	• 감정평가관계법규 • 회계학	11:50	12:00~13:20(80분)	
제2차 시험	1교시	감정평가실무	09:00	09:30~11:10(100분)	과목별 4문항 (주관식)
	2교시	감정평가이론	12:10	12:30~14:10(100분)	
	3교시	감정평가 및 보상법규	14:30	14:40~16:20(100분)	

※ 장애인 등 응시편의제공으로 시험시간 연장 시 수험인원과 효율적인 시험 집행을 고려하여 시행기관에서 휴식 및 중식 시간을 조정할 수 있습니다.

6. 합격자 결정방법

제1차 시험	• 영어 과목을 제외한 나머지 시험과목에서 과목당 100점을 만점으로 하여 모든 과목 40점 이상이고, 전 과목 평균 60점 이상인 사람 ※ 전년도 1차 시험 합격자 및 감정평가 및 감정평가사에 관한 법률 시행령 제14조에서 정한 기관에서 5년 이상 감정평가와 관련된 업무에 종사한 사람은 1차 시험이 면제됨(경력 산정 기준일 등은 해당연도 Q-Net 감정평가사 시험계획 공고문을 참조)
제2차 시험	• 과목당 100점을 만점으로 하여 모든 과목 40점 이상, 전 과목 평균 60점 이상을 득점한 사람 • 최소합격인원에 미달하는 경우 최소합격인원의 범위에서 모든 과목 40점 이상을 득점한 사람 중에서 전 과목 평균점수가 높은 순으로 합격자를 결정 ※ 동점자로 인하여 최소합격인원을 초과하는 경우에는 동점자 모두를 합격자로 결정하며 이 경우 동점자의 점수는 소수점 이하 둘째 자리까지만 계산하며, 반올림은 하지 아니함

ca.Hackers.com

제1장

감정평가 3방식 6방법

제1장 감정평가 3방식 6방법

Ⅰ. 감정평가 3방식

1. 감칙 11조(감정평가방식)

> 감정평가는 다음 각 호의 감정평가 3방식에 따른다.
> 1. 원가방식: 원가법, 적산법 등 비용성의 원리에 기초한 감정평가방식
> 2. 비교방식: 거래사례비교법, 임대사례비교법 등 시장성의 원리에 기초한 감정평가방식 및 공시지가기준법
> 3. 수익방식: 수익환원법, 수익분석법 등 수익성의 원리에 기초한 감정평가방식

2. 주요 내용

1) 가치의 3면성

① 토지등의 감정평가는 비용성에 착안하여 가치를 구하고자 하는 원가방식, 시장성에 착안하여 가치를 구하고자 하는 비교방식, 수익성에 착안하여 가치를 구하고자 하는 수익방식의 3방식으로 정립되어 있다. 이때 비용성, 시장성, 수익성을 가치의 3면성이라고 한다.

② 또한 부동산의 경제가치는 교환의 대가인 협의의 가치와 효익의 대가인 임대료로 표시되는 경우가 있으며, 임대료를 구하는 방식도 가치의 3면성이 기본이 된다.

2) 감정평가의 3방식(원가방식, 비교방식, 수익방식)

원가방식	• 비용성에 근거 – '대상물건이 어느 정도의 비용이 투입되어야 만들 수 있는가' • 공급 측면에서 비용과 가치의 상호관계를 파악 • 원가법(협의의 가치), 적산법(임대료 평가)
비교방식	• 시장성에 근거 – '대상물건이 어느 정도 가격으로 시장에서 거래되고 있는가' • 시장에서 거래되는 가격과 가치의 상호관계를 파악 • 거래사례비교법(협의의 가치), 임대사례비교법(임대료), 공시지가기준법
수익방식	• 수익성에 근거 – '대상물건을 이용함으로써 어느 정도 수익을 얻을 수 있는가' • 투자 측면에서 수익과 가치의 상호관계를 파악 • 수익환원법(협의의 가치), 수익분석법(임대료)

Ⅱ. 원가방식

1. 원가법

1) 개관

(1) 의의

"원가법"이란 대상물건의 재조달원가에 감가수정(減價修正)을 하여 대상물건의 가액을 산정하는 감정평가방법을 말한다.

(2) 규정의 취지

원가방식 중 협의의 가치를 구하는 방법인 원가법의 기본원리와 도출된 가액을 적산가액이라 규정하여 실무상 용어의 통일성을 제시하고자 한다.

(3) 주요 내용

원가법은 기준시점에서 대상물건을 재생산 또는 재취득하는 데 소요되는 재조달원가에 감가수정을 가하여 대상물건이 가지는 현재의 가치를 산정하는 방법이다.
→ 그 결과물은 적산가액(= 대상물건의 구성부분의 가치를 합산하여 구한 가액)

2) 재조달원가

(1) 의의

재조달원가란 대상물건을 기준시점에 재생산하거나 재취득하는 데 필요한 적정원가의 총액을 말한다. 재조달원가는 대상물건을 일반적인 방법으로 생산하거나 취득하는 데 드는 비용으로 하되, 제세공과금 등과 같은 일반적인 부대비용을 포함한다.

(2) 주요 내용

가. 재조달원가의 정의

구분	재생산원가	
기본사고	생산개념에 입각(예 건축 등)	
하위 분류	복제원가(reproduction cost)	대체원가(replacement cost)
의의	대상물건과 같은 모양, 구조, 노동의 질, 원자재를 가지고 있는 복제품을 기준시점에 만드는 데 소요되는 원가	대상물건과 같은 효용을 가진 물건을 기준시점에 만드는 데 소요되는 원가
소요비용	일반적으로 대체원가보다 큼	일반적으로 복제원가보다 작음
기여원리	대상물건의 가치 기여도 반영 불리	대상물건의 가치 기여도 반영 유리
별도 기능적감가	필요	불필요(기준시점에 있어서의 효용도를 기초로 원가를 파악하므로, 이미 기능적 퇴화에 따른 가치손실이 반영된 상태)
감정평가 주체의 주관성 개입	상대적으로 작음 (물리적 측면에서의 유사성을 기준으로 하기에 주관성 개입 상대적으로 작음)	상대적으로 많음 (효용의 크기를 판단함에 있어 주관성 개입 가능성 존재)

구분	재취득원가
기본사고	취득개념에 입각(예 도입기계 등)

나. 재조달원가의 기준 및 구성요소

감정평가를 할 때에는 해당 물건의 생산이나 취득에 실제로 들어간 원가가 아니라 일반적인 방법으로 생산하거나 취득한 생산비 또는 취득비를 기준으로 한다. 실제 들어간 생산비나 취득비는 소유자 등이 주관적으로 부여하는 가치나 협상력에 따른 차이가 발생될 수 있기 때문에 일반적인 도급방식에 의해 생산 또는 취득된 원가로 산정함이 원칙이다.

다. 재생산원가

① 표준적인 건설비	공사비	직접비
		간접비
	수급인의 적정이윤	
② 도급인이 직접 부담하는 통상의 부대비용	건설자금이자, 설계감리비	
	허가비용, 세금 및 공과금, 등기수속비 등	
	기타 도급인 부담비용	
③ 개발이윤	정상적인 이윤	

① **표준적인 건설비**: 개량물의 건축에 사용되는 노동과 원자재에 대한 지출경비 뿐만 아니라 하청회사의 간접비용과 이윤도 포함되는데, 이는 하청업자와의 계약액에 이미 포함되어 있기 때문이다.

② **통상의 부대비용**: 노동과 원자재 이외의 항목에 대한 지출경비로 행정비용, 수수료, 세금, 마케팅비용 등이며, 표준적인 건설비의 일정비율로 표시된다. 그 종류에는 일반간접비용, 관리간접비용, 비품에 대한 감가상각비 등이 있다.

③ **개발이윤**: 생산의 4요소인 경영의 대가로 보아 포함한다. 시장위험으로 인한 손실발생 시에도 타 방식과 균형을 위해 이를 포함시켜야 하기 때문이다(포함여부에 대한 이견은 존재함).

완성된 부동산의 가치에서 개발비용을 뺀 차액의 의미	
매도할 경우	판매이윤의 형태
임대할 경우	정상적인 임대수익 외에 소유자에게 귀속되는 추가적 투자수익
직접 사용할 경우	기업에 대한 사용가치의 형태

심화 재조달원가의 산정방법

직접법	대상물건의 구성부분별 또는 전체에 대한 사용자재, 소요노동비용 등을 조사하여 기준시점에 있어 직접공사비를 적산하고, 여기에 간접공사비 및 수급인의 적정이윤을 가산하여 표준적 건설비를 구한 후, 도급인이 부담해야 할 일반적인 부대비용을 가산하여 재조달원가를 구하는 방법
간접법	대상물건의 동일수급권 내에 소재하고 있는 동일성·유사성 있는 부동산의 재조달원가를 대상부동산과 비교하여 재조달원가를 구하는 방법
총량조사법 (총가격적산법)	대상부동산에 대한 건설비, 노무비, 부대비용 등을 산정하여 재조달원가를 구하는 방법으로, 원가요소별로 재료비, 노무비, 경비 등을 집계하여 산정한다.
구성단위법 (부분별 단가적용법)	건물을 벽, 바닥, 지붕 등과 같은 몇 개의 중요한 구성부분으로 나누고, 각 구성부분별로 측정단위에다 단가를 곱하여 비용을 추계하는 방법이다.
단위비교법	평방미터나 입방미터와 같은 총량적 단위를 기준으로 비용을 산출하는 방법이다. **예** 원룸 건축 시 평방미터당 @5,000,000~6,000,000
비용지수법 (변동률적용법)	대상부동산의 최초 건축비용을 알 수 있을 때 사용되는 방법으로, 신뢰성 있는 기관으로부터 발표된 건축비용에 관한 지수를 사용하여 추계하는 방법이다(원자재 가격 동향 및 건축 인부 노임단가 변동률 등을 종합적으로 활용해서 추계).

라. 재취득원가

재취득원가를 추계하기 위해선 표준적인 취득비, 통상의 부대비용 등을 계상해야 하며, 도입기계 등과 같이 생산이 불가능한 예외적인 경우에 적용되는 것이다.

3) 감가수정

(1) 의의

감가란 신규 또는 최유효이용 상태에서 실현되는 원가의 감소분을 의미한다. 감가수정이란 대상물건에 대한 재조달원가를 감액하여야 할 요인이 있는 경우에 물리적 감가, 기능적 감가 또는 경제적 감가 등을 고려하여 그에 해당하는 금액을 재조달원가에서 공제하여 기준시점에 대상물건의 가액을 적정화하는 작업을 말한다.

(2) 주요 내용

가. 감가요인

① 물리적 감가요인	
의의	대상의 물리적 측면에서 관찰되는 감가로서 시간의 경과, 사용으로 인한 마모 또는 파손, 재해 등 우발적 사고로 인한 손상, 기타 물리적인 하자 등을 의미한다.
검토사항	물리적 결함의 즉각적인 교체 또는 보수의 필요성, → 보수 시 소요비용 및 보수 후 경제적 이익이나 잔존 가용연수의 증가여부 등, → 즉각적 교체 불필요하더라도 부동산의 경제적 내용연수 만료 시까지 교체의 필요성 여부, 치유 및 교체에 수반되는 비용 등
② 기능적 감가요인	
의의	기능적 측면에서 야기되는 감가로서 형식의 구식화, 설비의 부족, 설계의 불량, 능률의 저하, 기타 기능적인 하자 등을 의미한다.
검토사항	기능적 하자의 치유 가능성에 대해 기술적·경제적 측면에서 검토 → 치유 시 기술적 구현 가능성과 치유에 소요되는 비용과 기대 편익을 상호 비교하여 검토. 현재 및 장래의 기능 적합성 검토 → 치유가 가능하더라도 부동산의 경제적 위치의 가변성으로 인해, 그 하자 치유가 인근지역의 변화에 비추어 적합한 것인지에 대한 고민 필요
③ 경제적 감가요인	
의의	부동산의 주위환경과의 부적합, 인근지역의 쇠퇴, 시장성의 감퇴 등을 의미하며, 부동산이 갖는 지리적 위치의 고정성에 의해 발생된다.
검토사항	외부적 감가요인의 지속가능성 및 제거 가능성 검토 → 감가요인이 지속되는 기간 및 유해시설 등의 이전가능성 등

> **참고** 감가요인의 상호관련성 (일본기준)
>
> 감가는 단순한 현상이 아닌 복합적인 과정으로, 여러 감가요인이 서로 원인과 결과가 되어 상호작용한다. 물리적 파손이 중대한 기능상 결점을 야기하거나, 형식의 구식화가 시장성 감퇴로 이어지는 것처럼 물리적 감가가 기능적 감가를 초래하고, 이는 다시 경제적 감가에 반영된다. 이러한 감가요인들은 독립적으로 작용하지 않고 삼각형 구조의 상호영향관계 속에서 복합적으로 나타난다는 점을 이해해야 한다.

나. 감가수정 방법

① 감가수정 방법의 종류

자료 출처	구체적인 감가수정 방법	
직접법	내용연수법	정액법
		정률법
		상환기금법
↔	관찰감가법	
간접법	다른방법	분해법
		시장추출법
		임대료손실환원법

② 내용연수법

실무상 적용이 간편하고 객관적이라는 장점을 가지나, 개별성이 강한 부동산의 실제 감가액과 괴리될 수 있다는 단점을 가진다. 따라서 대상부동산의 내용연수 조정을 통해 감가의 개별성을 반영해 볼 수 있다. 다만, 외부적감가인 경제적 요인에 의한 감가를 반영하는 데는 어려움이 있다.

정액법	의의	대상물건의 감가총액을 경제적 내용연수로 평분하여 매년의 감가액을 구하는 방법이다.
	특징	감가수정액이 경과연수에 정비례하여 증가하므로 직선법이라고도 한다.
	활용	건물이나 구축물의 평가
정률법	의의	자산의 가치가 매년 일정 비율로 감가된다는 가정하에 매년 말 잔존가치에 일정 감가율을 곱하여 매년의 감가액을 구하는 방법이다.
	특징	감가액이 첫 해에 가장 크고 해가 갈수록 감가액이 점차 줄어든다.
	활용	기계기구 등의 동산
상환 기금법	의의	내용연수 만료 시의 감가누계액 및 그에 따른 복리이자상당액의 합계액이 감가총액과 같아지도록 매년 일정액을 감가하는 방법이다.
	특징	대상물건의 내용연수 만료 시에 기준시점과 동일한 가치의 물건을 재취득하기 위해 매년의 감가액을 투자하고, 그에 따른 복리의 이자도 발생하는 것을 전제한다.
	활용	광업권 등

> **심화**

1. 내용연수 조정

신축 후 발생된 건물의 변동사항(예 추가투자, 보수관리, 리모델링 등)으로 인한 감가의 개별성을 반영하기 위해 대상의 내용연수를 조정하는 것으로, 유효경과연수로 조정하는 방법과 잔존내용연수를 추정하여 총내용연수를 조정하는 방법이 있다.

> 증축부분 적산가액 = 재조달원가 × $\dfrac{\text{기존부분의 잔존 내용연수}}{\text{기존부분의 잔존 내용연수 + 증축부분의 경과연수}}$
>
> → 증축부분은 기존부분의 유용성에 귀속되기 때문에 기존부분의 총내용연수를 초과할 수 없다.

2. 내용연수 조정방법

유효연수법	대상부동산에 대한 증·개축을 고려한 유효연수를 기준으로 하여 감가수정을 하는 방법이다. 전내용연수를 고정하고 장래보존연수에 따라 경과연수 조정한다. • 감가율 = $\dfrac{\text{전내용연수 - 장래보존연수}}{\text{전내용연수}}$ • 잔존가치율 = $\dfrac{\text{장래보존연수}}{\text{전내용연수}}$
미래수명법	장래보존연수를 보다 더 정확하게 알 수 있을 때, 장래보존연수에 건물의 경과연수를 더하여 전내용연수를 조정하는 방법이다. • 감가율 = $\dfrac{\text{실제경과연수}}{\text{실제경과연수 + 장래보존연수}}$ • 잔존가치율 = $\dfrac{\text{장래보존연수}}{\text{실제경과연수 + 장래보존연수}}$

③ 관찰감가법

의의	감정평가주체가 대상물건의 전체 또는 구성부분을 면밀히 관찰하여 물리적·기능적·경제적 감가요인을 분석하여 감가액을 구하는 방법을 말한다.
활용방법	• 평가대상물건의 감가 개별성이 강하게 나타나거나, 신축 이후 변동사항(예 리모델링 등)이 발생한 경우 등 • 경제적 내용연수를 기준으로 구한 감가누계액의 적정성이 확보되지 않을 때, 관찰감가를 통해 분석된 결과를 토대로 경과연수 또는 장래 보존연수 등을 조정한다.
적용 시 유의사항	대상물건의 사용자재, 설계의 양부, 이용상태, 보수 및 관리상태, 리모델링 존부, 추가 설치 설비 사항(예 소방법 관련 등) 등을 세밀히 조사·분석하도록 한다.

④ 그 밖의 방법

분해법	대상부동산에 대한 감가요인을 물리적·기능적·경제적 요인으로 세분한 후 각 감가요인별로 경제적 타당성을 기초로 회복가능·불능으로 항목화하여 이에 대한 감가수정액을 별도로 측정하고, 요인별 수정액을 합산하여 감가수정추계치를 산출하는 방법을 말한다. • 감가의 상호관련성과 괴리되는 방법으로, 보완적 감가수정방법의 지위를 가진다.
시장추출법	대상물건과 유사한 거래사례를 분석하여 적정한 감가수정률을 구하고, 그 수정률을 대상물건에 적용하여 감가수정액을 구하는 방법을 말한다. • 수집된 거래사례의 유용성과 신뢰성에 의해 감가수정액의 합리성이 좌우된다. • 토지에는 발생감가가 없고, 정착물에만 감가수정액이 발생한다는 전제하에 복합부동산의 감가수정액은 토지가격과 최유효이용상태의 재조달원가를 합한 가격에 미달액으로 계산한다.
임대료손실 환원법	감가요인으로 감소된 순수익(임대료손실)을 환원하여 감가수정액을 구하는 방법을 말한다. • 수집된 임대사례의 유용성과 신뢰성에 의해 감가수정액의 합리성이 좌우된다. • 감가수정액은 감가요인으로 인한 순수익의 감소분을 순수익 감소분에 대한 환원율로 나누어 결정한다.

기출문제

제7회 문제2

복성식평가법에 관하여 다음 사항을 설명하시오. (20점)

물음 1) 다음 공식의 차이점

> 가. $D_n = C \times (1-R) \times \dfrac{n}{N}$
>
> 나. $D_n = C \times (1-R) \times \dfrac{(N-n')}{N}$
>
> 다. $D_n = C \times (1-R) \times \dfrac{n}{(n+n')}$
>
> D_n: 감가누계액   C: 재조달원가   N: 내용연수
> n: 경과연수   n': 장래보존연수   R: 내용연수 만료 시 잔가율

물음 2) 발생감가의 의의와 구하는 방법

물음 3) 회복불가능한 기능적 감가의 감가액을 구하는 방법

물음 4) 중고주택의 감정평가상 현실적 모순성

제9회 문제3
복성식평가방법에 있어서 감가수정의 방법은 내용연수를 표준으로 하는 방법과 관찰감가법이 있다. 이러한 감가수정을 하는 이론적 근거를 관련 원칙을 들어 서술하고, 두 방법의 장단점과 실무상 양자를 병용하는 이유를 설명하시오. (20점)

제12회 문제4
다음 사항을 약술하시오. (각 10점)

물음 1) 경제적 감가수정 (10점)

제17회 문제4
건물의 치유불가능한 기능적 감가의 개념과 사례를 기술하고, 이 경우 감정평가 시 고려해야 할 사항에 대하여 설명하시오. (10점)

제35회 문제1

원가법에 대한 다음 물음에 답하시오. (40점)

물음 1) 비용성의 원리에 기초한 원가법은 비용과 가치간의 상관관계를 파악하는 것으로 가치의 본질을 원가의 집합으로 보고 있다. 이에 맞춰 재조달원가를 정의하고, 재생산원가 측면에서 재조달원가의 구성요소 및 산정방법에 대하여 설명하시오. (15점)

물음 2) 평가목적의 감가수정과 회계목적의 감가상각을 비교하여 설명하시오. (10점)

물음 3) 건물은 취득 또는 준공으로부터 시간의 경과나 사용 등에 따라 경제적 가치와 유용성이 감소된다. 이에 대한 감가요인을 설명하시오. (15점)

2. 적산법

1) 개관

(1) 의의

"적산법(積算法)"이란 대상물건의 기초가액에 기대이율을 곱하여 산정된 기대수익에 대상물건을 계속하여 임대하는 데에 필요한 경비를 더하여 대상물건의 임대료[(賃貸料), 사용료를 포함한다. 이하 같다]를 산정하는 감정평가방법을 말한다.

(2) 주요 내용

$$R = V \times r + E$$
R: 적산임료, V: 기초가액, r: 기대이율, E: 필요제경비

적산임료는 임대인이 재산을 취득하여 임대하는 경우 투자에 대한 보수로서의 임대수익과 임대를 위한 관리에 필요한 제경비로 구성된다.

2) 기초가액

(1) 의의

기초가액이란 적산법으로 감정평가하는 데 기초가 되는 대상물건의 가치를 말한다. 기초가액은 비교방식이나 원가방식으로 감정평가한다. 이 경우 사용 조건·방법·범위 등을 고려할 수 있다.

(2) 주요 내용

가. 기초가액의 개념

교환의 대가인 협의의 가치와 용익의 대가인 임대료 사이에는 원본과 과실의 관계[1]가 있기 때문에 적산임료를 구하기 위해서는 원본가치로서의 기초가액을 구할 필요가 있다.

적산법은 부동산으로부터 발생하는 사용·수익의 대가를 얻기 위해 소요된 원가를 통해 간접적으로 측정할 수 있다는 논리에 따른 것으로, 그 투하된 가치인 기초가액은 중요한 의미를 가진다.

나. 기초가액의 성격문제

구분	시장가치로 보는 경우	사용가치로 보는 경우
가치판단의 전제가 되는 이용	최유효이용	임대차조건에 부응하는 한정적인 이용
기대이율	자본이득으로 인한 가치 또는 임대차계약 등에 의한 한정적 사용에 따른 가치제한을 반영한 이율	통상적인 투자수익률
유용성	실무적 유용성	이론적 우수성
산정방법 적용 시 유의점	최유효이용을 전제로 한 원가법, 거래사례비교법 적용	• 원가법 적용 시, 임대차조건에 의해 사용상 제한받는 정도 반영 • 거래사례비교법 적용 시, 개별요인 비교과정에서 임대차조건에 의한 사용상 제한의 정도 반영(제한의 정도를 어떻게 수치화시킬 것인지 문제됨)

보충 적산법 적용시 기초가치를 시장가치로 보는 이유

이론적으로는 기초가액을 임대차조건 등에 부응하는 사용가치로 보는 견해가 타당하다. 하지만 실무적으로 대상물건의 시장가치에서 자본이득으로 인한 가치 등을 공제하고 임대차조건에 부응하는 사용가치만을 감정평가하는 것은 어렵다. 따라서 사용가치만의 감정평가가 불가능한 경우, 시장가치를 기초가액으로 하되, 통상적인 투자수익률에서 대상물건을 한정적으로 사용함에 따른 가치의 제한을 반영한 기대이율을 적용하는 것이 적정하다.

다. 기초가액의 산정방법

원가법과 거래사례비교법 등을 이용하여 구한다. 다만 수익방식은 순환논리상 임대료 개념을 기초로 구한 가액으로 다시 임대료를 구하는 모순에 빠지기에 적용하지 않는다.

---

[1] 대상물건을 취득하기 위해 투하된 투자금 개념으로 인식 가능

3) 기대이율

(1) 의의

기대이율이란 기초가액에 대하여 기대되는 임대수익의 비율을 말한다. 기대이율은 시장추출법, 요소구성법, 투자결합법, CAPM을 활용한 방법, 그 밖의 대체·경쟁 자산의 수익률 등을 고려한 방법 등으로 산정한다. 기초가액을 시장가치로 감정평가한 경우에는 해당 지역 및 대상물건의 특성을 반영하는 이율로 정하되, 한국감정평가사협회에서 발표한 '기대이율 적용기준율표', 「국유재산법 시행령」, 「공유재산 및 물품관리법 시행령」에 따른 국·공유재산의 사용료율(대부료율) 등을 참고하여 실현가능한 율로 정할 수 있다.

(2) 주요 내용

개념	임대인이 자금의 유동성을 포기하고 부동산에 투자함으로써 획득하고자 하는 임대수익의 투자자본 대비 비율이다.
성격	부동산에 대한 투자자의 입장에서 부동산이 아닌 다른 투자대상에 투자했을 경우의 기회비용을 포함하여 대상부동산으로부터 얻고자 하는 요구수익률의 성격을 가진다 (금융시장의 이자율과 밀접한 관계 ← 요구수익률의 판단근거).
기초가액과 관계	기초가액을 시장가치 또는 사용가치로 보느냐에 따라 대응되는 이율이 달라짐
환원이율과 관계	• 적산법의 기대이율은 수익환원법의 환원이율과 궤를 같이한다. • 차이점: 적용기법과 결과물, 전제기간, 자본이득 고려여부, 최유효이용의 전제 여부 등

4) 필요제경비

(1) 의의

대상물건을 통상적으로 사용·수익할 수 있도록 유지·관리하는 데에 필요한 비용으로, 대상물건의 교환가치에 영향을 미칠 수 있는 자본적 지출과 구분된다.

(2) 주요 내용

감가상각비	대상물건이 상각자산인 경우 시간이 경과함에 따라 발생되는 물리적, 기능적, 경제적 가치 감소분으로서, 대상부동산의 전체 사용·수익 기간이 만료될 때 신규 부동산의 취득을 대비하여 임차인으로부터 징수한다.
유지관리비	임차인이 임대 목적물을 사용·수익할 수 있는 상태를 유지하기 위해 소요되는 수익적 지출에 해당되는 비용이다. • 공용부분: 청소비, 승강기관리비, 주차비 등 • 전용부분: 수도광열비, 냉난방비 등
조세공과금	부동산의 취득, 보유, 이전과 관련된 세금 중 보유와 관련된 재산세, 도시계획세, 지역자원시설세 등이다. • 소득세, 법인세는 영업성과에 따라 부과액이 결정되므로 필요제경비로 계상하지 않는다.
손해보험료	화재보험료, 기계나 설비에 대한 보험료 등과 같이 임대차를 계속하는 데 통상적으로 필요한 경비이다. • 손해보험료의 경우 소멸성 보험료만을 포함한다.

대손준비금	임차인의 임대료지급 불이행으로 발생되는 임대인의 손실을 충당하기 위한 것이다. • 보증금 등 일시금을 받는 경우 결손의 전보가 담보되므로 대손준비금 미계상
공실손실 상당액	• 임대기간의 공백 또는 일부 미입주 등으로 인한 공실이 발생할 것에 대비한 손실상당액을 의미한다. • 시대·지역별 표준적인 금액으로 파악하되, 장래 동향 감안 필요
정상운영 자금이자	임대영업을 하기 위하여 소요되는 정상적인 운영자금에 대한 이자를 의미한다. • 고정자산세의 일시납입, 종업원(빌딩관리)에 대한 일시상여금의 지급 등에 사용된 자금 등에 대한 이자를 포함한다. • 대상부동산의 일부를 구성하는 자금이자, 1년 이상의 장기차입금이자, 임대인의 자기자금이자상당액은 미포함한다.

(3) 필요제경비의 산정 시 유의사항

① 임대차계약의 내용 및 대상물건의 종류에 따라 적산법 적용 시 포함하여야 할 필요제경비 항목의 세부적인 내용은 달라질 수 있다.

예 임대인과 임차인의 협상력 차이에 따라 세부적인 내용이 달라진다.

② 신규 택지개발지구의 신축 건물 등은 통상적으로 임차인이 우위이다.

③ 금융기관 및 프랜차이즈 업체 등 해당 지역의 랜드마크로 작용할 수 있는 입점업체는 임차인이 우위에 있을 수 있다.

④ 상권의 쇠퇴가 발생하기 시작한 구도심권은 임차인 우위. 다만, 젠트리피케이션(gentrification)이 나타나는 지역은 유의한다.

Ⅲ. 비교방식

1. 거래사례비교법

1) 개관

(1) 의의

"거래사례비교법"이란 대상물건과 가치형성요인이 같거나 비슷한 물건의 거래사례와 비교하여 대상물건의 현황에 맞게 사정보정(事情補正), 시점수정, 가치형성요인 비교 등의 과정을 거쳐 대상물건의 가액을 산정하는 감정평가방법을 말한다.

(2) 주요 내용

① 시장에서 어느 정도의 가격으로 거래되는가 하는 시장성 및 대체·경쟁관계에 있는 다른 부동산의 가격과 상호 작용에 의하여 가치가 결정된다는 대체의 원칙에 근거한다.

② 거래사례비교법 적용 시 수요공급의 원칙, 대체의 원칙, 균형의 원칙, 예측 및 변동의 원칙 등을 지침으로 그 지역의 시장조건을 고려하여 일관성 있게 적용하여야 한다.

③ 거래사례의 수집이 가장 기초적인 동시에 중요한 작업으로 수집 가능한 사례의 거래일자, 거래경위, 거래조건 등을 충분히 검토하고, 객관성이 결여된 특수조건(예 채권·채무관계가 결부되어 저가거래된 경우) 등에는 적합한 수정을 가하여 적정한 비준가액을 산정해야 한다.

→ 부동산은 일반상품과 달리 공개된 시장에서 대량매매에 의한 가격형성이 이루어지지 않고, 부동산의 개별성에 의해 실거래가격이 거래당사자들 간의 주관성에 합치되는 지점에서 거래가 이루어지기 때문이다.

2) 거래사례의 수집 및 선택

(1) 거래사례 선정 요건(실무기준 610 - 1.5.2.1)

거래사례는 다음 각 호의 선정기준을 충족하는 거래가격 중에서 대상토지의 감정평가에 가장 적절하다고 인정되는 거래가격을 선정한다. 다만, 한 필지의 토지가 둘 이상의 용도로 이용되고 있거나 적절한 감정평가액의 산정을 위하여 필요하다고 인정되는 경우에는 둘 이상의 거래사례를 선정할 수 있다.

1. 「부동산 거래신고 등에 관한 법률」에 따라 신고된 실제 거래가격일 것
2. 거래사정이 정상적이라고 인정되는 사례나 정상적인 것으로 보정이 가능한 사례일 것
3. 기준시점으로부터 도시지역(「국토의 계획 및 이용에 관한 법률」 제36조 제1항 제1호에 따른 도시지역을 말한다)은 3년 이내, 그 밖의 지역은 5년 이내에 거래된 사례일 것. 다만, 특별한 사유가 있는 경우에는 그 기간을 초과할 수 있다.
4. 토지 및 그 지상건물이 일체로 거래된 경우에는 배분법의 적용이 합리적으로 가능한 사례일 것
5. 비교표준지의 선정기준에 적합할 것
   ① 용도지역 등 공법상 제한사항이 같거나 비슷할 것
   ② 이용상황이 같거나 비슷할 것
   ③ 주변환경 등이 같거나 비슷할 것
   ④ 인근지역에 위치하여 지리적으로 가능한 한 가까이 있을 것

※ 23.9.13로 감정평가 선례 선정 시 "감정평가 목적, 감정평가조건 또는 기준가치 등이 해당 감정평가와 유사한 사례일 것"이 추가되었다.

(2) 거래사례 선정의 중요성

거래사례는 거래사례비교법에서 구체적이고 결정적으로 활용되는 기본자료로서, 각 호에서 정하는 요건을 충족하는 사례를 선택하되, 신뢰할 수 있는 많은 거래사례를 수집하여 증거의 질과 양을 확보하는 것이 비준가액의 정확성과 신뢰성을 담보할 수 있다.

→ 결국 거래사례비교법의 구성요소인 사정보정, 시점수정, 지역 및 개별요인 비교를 정확하게 할 수 있는 사례를 선정해야 한다.

예 동일수급권을 벗어나는 사례일 경우, 지역요인 비교 평점 부여에 왜곡발생

(3) 구체적인 거래사례의 요건

가. 거래사정이 정상이라고 인정되는 사례나 정상적인 것으로 보정이 가능한 사례

사정보정의 가능성이란 거래 당시 사정의 개입으로 시장가치와 거래가격이 괴리될 경우, 그것으로 인한 차이를 계량화 할 수 있는 것을 말한다.

나. 기준시점으로 시점수정이 가능한 사례

거래시점이 분명한 것으로 거래시점까지의 가격변동이 있다면 그 차이를 보정할 수 있는 것을 말하며, 지가변동이 급등한 지역의 경우(예 종시 및 지역별 혁신도시 등) 기준시점 대비 가장 최근의 사례를 선정하되 투기에 의한 거래사례 선별도 중요시된다.

다. 대상물건과 위치적 유사성이나 물적 유사성이 있어 가치형성요인의 비교가 가능한 사례

① 위치적 유사성은 인근지역 또는 동일수급권 내의 유사지역에서 거래되는 사례를 수집해야 한다는 것으로, 지역분석에 의하여 지역격차를 계량화하여 지역적 격차를 반영할 수 있어야 한다.

② 물적 유사성은 토지(예 지목, 면적, 도로조건, 이용상황 등), 건물(예 구조, 용도, 연면적, 설비사항 등)의 상태가 비교가능한 사례를 수집하여야 함을 의미한다.

3) 사정보정

① 사정보정의 필요성 유무 및 정도의 판단은 다수 거래사례 등을 종합적으로 비교·대조한 후 검토한다. 사정보정이 필요한 경우 거래된 시장의 객관적 가격수준을 고려하여 보정한다. 보정작업은 거래사례가격에 미친 영향 정도를 분석해서 사정보정치를 산정하여 사례를 정상화하는 과정을 거치게 된다.

② 사정보정의 내용은 금융보정, 매매상황, 거래 후 추가지출(철거비) 등이 있다.

4) 시점수정

① 거래사례의 거래시점과 기준시점이 일치하지 않는 경우 가격수준에 차이가 발생할 수 있다. 시점수정을 위해선 거래시점이 분명하고 그 기간 가격변동에 관한 자료를 구할 수 있어야 하며, 시점수정의 가능성은 시간적 장·단 뿐만 아니라 가치형성요인의 변동을 통하여 결정되어야 한다.

② 해당 거래사례의 가격변동률을 적용함이 가장 정확하나, 현실적으로 개별 물건의 가격변동률을 구하는 것은 불가능하며, 주관적일 수 있다.

5) 가치형성요인의 비교

(1) 의의

거래사례와 대상물건 간에 종별, 유형별 특성에 따라 지역요인이나 개별요인 등 가치형성요인에 차이가 있는 경우에 이를 각각 비교하여 대상물건의 가치를 개별·구체화하는 작업이다.

(2) 규정의 취지

거래사례와 대상을 비교하여 대상물건의 가치로 개별화·구체화 시키는 가치형성요인의 비교 과정을 규정하고 있다. 종별·유형별 특성에 따라 가치형성요인을 구체적으로 검토하고 비교를 달리 해야 한다.

(3) 주요 내용

가. 지역요인 비교

인근지역은 지역요인 동일하며, 동일수급권 내 유사지역의 경우 유사지역의 지역요인과 인근지역의 지역요인을 비교하여 지역격차를 산정한다. 유사지역은 지리적 접근성보다는 용도적, 기능적 접근성이 중시된다.

나. 개별요인 비교

① 대상부동산과 사례부동산은 각 부동산의 유용성(효용)을 결정짓는 가로, 접근, 환경, 획지, 행정, 기타 조건 등의 개별적인 격차가 존재하며, 이러한 개별요인은 가치형성에 주요한 영향을 미치므로 보정이 필요하다.

② 이러한 개별요인은 부동산의 종별, 유형별로 상이하게 작용하며, 지역적 특성과 결합하여 가치형성에 미치는 영향이 다종다양하므로 지역분석과 개별분석을 통해 도출된 결과(예 시장참가자가 중요시 여기는 가치요인, 지역의 표준적사용, 최유효이용 등)를 적정히 반영할 필요성이 강조된다.

다. 비교방법

① 정량법(계량분석법, quantitative analysis)

정량법이란 수학적인 계산과정을 통해서 수정이 요구되는 비교요소를 확인하고 '보정치'를 측정하는 방법을 말한다. 이러한 정량법에는 대쌍자료분석법, 집단자료분석법, 통계자료분석법, 그래프분석법, 추세분석법 등이 있다.

② 질적분석법(정성분석법, qualitative analysis)

정성분석법은 비교요소들의 상대적 우열관계를 기준으로 시장자료를 분석하는 방법이다. 이 방법은 불완전한 시장상황에서도 합리적 분석이 가능하기 때문에 실무에서 광범위하게 활용된다. 정성분석법은 사례와의 차이를 구체적인 금액이나 비율로 산정하지 않는다. 대신 각 비교요소별로 대상부동산과 비교부동산의 특성을 상대적으로 분석하여 열등, 동등, 우월로 판단한다. 이러한 우열관계를 근거로 각 사례의 가격을 보정한다. 이 방법은 정확한 수치적 보정이 어려운 상황에서도 논리적이고 체계적인 가격 조정을 가능하게 한다.

③ 순위분석법(ranking analysis)

순위분석법은 비교사례를 정리하여 대상부동산의 상대적 위치를 결정하고, 전후순위의 비교사례를 분석하여 수정량이나 가치범위를 결정하는 방법이다. 순위분석법에 의할 경우 각각 거래사례에 대하여 특정요소를 비교한 후 종합적으로 검토하여 대상부동산의 순위를 판정할 수 있다. 따라서 대상부동산의 가치는 윗순위인 사례와 그 후순위인 사례의 가치 범위 사이에 있음을 추정할 수 있다.

라. 거래사례 수정방법

① 비율수정법

비율수정법이란 대상부동산과 비교부동산 간의 우열 격차를 백분율로 치환하여 각 특성별 차이를 수정하는 방법이다. 각 특성별로 평균을 내는 평균비율수정법과 가중치를 부여한 가중비율수정법이 있다. 비율수정법은 각 특성이 전체에서 차지하는 비중을 쉽게 파악할 수 있는 장점이 있다. 다만 각 개별 특성에 대해 100이라는 똑같은 비중을 둔다면, 각 특성간의 상대적 차이를 고려할 수 없어 가치 추계치를 왜곡할 수 있다는 단점이 있다. 이는 비교요소가 많아질수록 극명하게 차이를 발생시킨다.

② 금액수정법

금액수정법이란 각 특성별 차이를 실제 화폐가치로 표현하여 수정하는 방법이다. 이 방법은 수정이 필요한 사항을 비율수정법보다 직접적으로 평가사실과 연관시키므로 평가의뢰인이 쉽게 이해할 수 있다. 다만, 특성상 금액으로 환산하기 어려우며 각 특성이 가치에 미치는 영향이 상대적으로 얼마나 되는지를 파악하기 어렵다는 한계가 있다.

③ 연속수정법

연속수정법이란 비율수정법과 금액수정법의 장점을 혼합한 것으로 비율과 절대금액을 모두 사용하여 비율수정량을 금액으로 환치시킨 후 수정액을 연속적으로 합산하는 방법이다. 연속수정법은 비율수정법과 금액수정법이 각각 가지고 있는 한계를 극복하고, 장점을 취한 것으로 이론적으로는 가장 합리적인 방법이다. 다만, 비율을 금액으로 모두 환산해야 하므로 상대적으로 많은 시간과 노력이 소모된다.

기출문제

제3회 문제2
우리나라 토지평가방법과 거래사례비교법과의 관계를 설명하시오. (30점)

제4회 문제2
부동산 경기변동의 제국면에서 거래사례비교법을 채택할 경우의 유의점에 관하여 설명하시오. (20점)

제12회 문제3
토지시장에서 발생하는 불합리한 거래사례는 감정평가 시 이를 적정하게 보정하여야 한다. 현실적으로 보정을 요하는 요인은 어떠한 것이 있으며 이에 대한 의의와 그 보정의 타당성 여부를 논하시오. (20점)

제16회 문제3

「감정평가 및 감정평가사에 관한 법률」제3조 제1항에는 "토지의 평가는 유사한 이용가치를 지닌다고 인정되는 표준지 공시지가를 기준으로 하여야 한다"라고 규정되어 있으나 표준지공시지가와 정상거래가격과의 격차가 있는 경우 그 밖의 요인 보정을 적용한다. 그 밖의 요인 보정의 개념을 기술하고, 관련 법령 및 판례 등을 중심으로 그 타당성을 설명하시오. (20점)

제19회 문제1

일괄평가방법과 관련하여, 다음을 논하시오.

물음 1) 토지·건물 일괄평가와 관한 이론적 근거와 평가방법을 논하시오. (10점)

물음 2) 일괄평가된 가격을 필요에 의해 토지·건물가격으로 각각 구분할 경우 합리적인 배분기준을 논하시오. (10점)

제24회 문제3

감정평가이론상 토지평가 방법에는 감정평가3방식이 있으나, 감정평가법령은 토지의 경우 표준지공시지가를 기준으로 평가하도록 규정하고 있다. 다음의 물음에 답하시오. (20점)

물음 1) 토지평가 시 감정평가3방식을 적용하여 평가한 가치와 표준지공시지가를 기준으로 평가한 가치와의 관계를 설명하시오. (10점)

물음 2) 표준지공시지가가 시장가치를 반영하지 못하는 경우, 표준지공시지가를 기준으로 해야 하는 감정평가에서 발생가능한 문제와 대책을 기술하시오. (10점)

제27회 문제2

감정평가사 甲은 乙주식회사가 소유한 △△동1번지 소재 업무용 빌딩과 △△동1-1번지 나지상태의 토지에 대하여 재무보고목적의 감정평가를 진행하려 한다. 다음 물음에 답하시오. (30점)

물음 3) △△동1-1번지 토지에 대하여 공시지가기준법을 적용하여 시점수정, 지역요인 및 개별요인의 비교 과정을 거쳐 산정된 가액이 기준가치에 도달하지 못하였다고 가정할 경우 공시지가기준법에 따라 甲이 실무적으로 보정할 수 있는 방법에 관해 설명하시오. (5점)

제31회 문제2

토지소유자 甲은 공익사업에 토지가 편입되어 보상액 통지를 받았다. 보상액이 낮다고 느낀 甲은 보상액 산정의 기준이 된 감정평가서 내용에 의문이 있어, 보상감정평가를 수행한 감정평가사 乙에게 다음과 같은 질의를 하였다. 이에 관하여 감정평가사 乙의 입장에서 답변을 논하시오. (30점)

물음 1) 감정평가서에는 공시지가기준법을 주방식으로 적용하여 대상토지를 감정평가하였다고 기재되어 있다. 甲은 대상토지의 개별공시지가가 비교표준지공시지가보다 높음에도 불구하고 개별공시지가를 기준으로 감정평가하지 않은 이유에 관하여 질의하였다. (15점)

물음 2) 甲은 비교표준지 공시지가가 시장가격(거래가격)과 비교하여 낮은 수준임을 자료로 제시하면서, 거래사례비교법을 주방식으로 적용하지 않은 이유에 관하여 질의하였다. (15점)

제35회 문제4

다세대주택을 거래사례비교법으로 감정평가하기 위하여 거래사례를 수집하는 경우 거래사례의 요건과 각 요건별 고려사항에 대하여 약술하시오. (10점)

2. 임대사례비교법

> **TIP**
> 전반적으로 거래사례비교법과 유사하며 다른 내용을 위주로 담았으니, 거래사례비교법 내용을 토대로 차이점을 정리할 필요가 있다.

1) 개관

(1) 의의
임대사례비교법이란 대상물건과 가치형성요인이 같거나 비슷한 물건의 임대사례와 비교하여 대상물건의 현황에 맞게 사정보정, 시점수정, 가치형성요인 비교 등의 과정을 거쳐 대상물건의 임대료를 산정하는 감정평가방법을 말한다.

(2) 주요 내용

가. 임대사례비교법의 원리

시장에서 특정의 공간을 이용하기 위해 어느 정도의 임대료로 거래되는 시장성 및 대체·경쟁 관계에 있는 다른 부동산의 임대료와 상호 작용에 의하여 임대료가 결정된다는 대체의 원칙에 근거한다.

나. 임대사례비교법의 적용

① 인근지역 또는 동일수급권 내의 유사지역에서 대상부동산과 유사한 임대차가 이뤄지는 경우에 유효하며, 임대차 등의 사례가 적은 대저택이나 종교용 건물 등의 특수목적 부동산인 경우 적용이 곤란하다.

② 「감정평가에 관한 규칙」에서 임대사례비교법을 임대료평가의 원칙으로 규정하고 있으나, 거래사례비교법과 달리 세부적 평가방법은 제대로 규정되어 있지 않으며 실무적으로 적용되는데 한계가 있다. 이는 임대료 자료를 구득하기 어려운 현행 제도와 관행상 토지와 건물을 별개의 부동산으로 보는 현실에 기인하고 있다.

다. 임대사례수집 시 유의사항

임대사례수집 시 임대차계약의 내용(예 임대차 범위, 기간, 용도적 제약 여부 등) 및 조건(예 임대료의 납부 방식, 필요제경비 부담조건 등)의 다양성과 개별성 등으로 인해 사례검토에 주의하여야 한다.

2) 임대사례의 수집 및 선택

(1) 임대사례 선정의 중요성
임대사례는 임대사례비교법에서 구체적이고 결정적으로 활용되는 기본자료로서, 각 호에서 정하는 요건을 충족하는 사례를 선택하여야 한다. 신뢰할 수 있는 많은 임대사례를 수집하여 증거의 질과 양을 확보하는 것이 비준임료의 정확성과 신뢰성을 담보할 수 있다.

(2) 구체적인 임대사례의 요건

가. 임대차 등의 계약내용이 같거나 비슷한 사례
임대차계약의 내용이나 조건은 임대차기간 동안 계약임대료의 수준에 계속적으로 영향을 미치기 때문에 계약내용이 유사한 사례를 수집해야 한다.

나. 임대차사정이 정상이라고 인정되는 사례나 정상적인 것으로 보정이 가능한 사례
부동산 임대차에서 거래의 지연성을 해치는 특수한 사정 또는 동기가 개입된 사례는 정상적이라고 인정되는 사례라 보기 어렵다. 정상적인 것으로 보정이 가능한 사례는 사정이 개입된 임대료가 정상적인 임대료로부터 괴리된 정도에 대한 계량적인 파악이 가능한 것을 의미한다.

다. 기준시점으로 시점수정이 가능한 사례
부동산의 가치는 시간에 따라 변동하므로 그에 따른 과실 또한 변동하게 된다. 따라서 임대시점과 기준시점의 임대료 차이가 발생할 수 있으며 임대료지수 또는 임대료상승률 등의 파악이 가능한 사례수집이 강조된다.

3) 사정보정

수집된 임대사례에 이해관계인의 특수한 사정이나 개별적인 동기가 개재되어 사례의 임대료가 정상임료와 차이가 발생할 경우 그 차이의 정도를 파악할 수 있어야 하며, 이를 정상화시키는 과정을 거쳐야 한다. 정상화시키는 작업은 임대사례의 내용 및 해당 임대사례가 속한 지역시장의 환경 등을 종합적으로 참작해 처리해야 한다.

→ 상권쇠퇴 지역에서 나홀로 고공임대료 고수하는 사례일 경우 또는 상권의 성숙진행 지역에서 나홀로 저가임대료로 거래되는 경우 등 해당 지역시장의 동향과 임대료수준을 고려하여 보정치 산정하여야 한다.

4) 시점수정

(1) 유의사항
임대차계약은 그 유형에 따라 신규 임대료와 계속 임대료로 구분되므로, 대상물건의 임대료 종류에 따라 구분하여 시점수정을 진행하여야 한다. 또한 임대사례와 대상물건이 속한 지역에 따라 지연성과 경직성이 다를 수 있음에 유의하여야 한다.

(2) 시점수정 방법
해당 임대사례의 임대료 변동률을 기준하도록 하나, 이를 알 수 없거나 적절치 않은 경우 임대사례의 원본가치와 관련된 변동률·임대료지수·생산자물가지수 등을 활용할 수 있다.

기출문제

제3회 문제3
다음 사항을 약술하시오. (30점)

물음 1) 계속임료의 각 평가방법에 대한 특질과 그 문제점을 설명하시오. (10점)

제6회 문제4
다음 용어를 간략하게 설명하시오. (10점)

물음 1) 임료의 가격시점

물음 2) 임료의 실현시점

물음 3) 임료의 산정기간

물음 4) 임료의 지불시기

제7회 문제1
최근 부동산 시장에서 임료의 감정평가가 점차 중요시되고 있다. 이에 있어 다음 사항을 논하시오. (40점)

물음 1) 가격과 임료와의 관계

물음 2) 신규임료와 계속임료의 평가방법과 유의점

물음 3) 부가사용료와 공익비의 차이점과 이들의 실질임료 산정 시 처리방법

물음 4) 임료의 시산가격 조정 시 유의점

IV. 수익방식

1. 수익환원법

1) 개관

(1) 의의

수익환원법이란 대상물건이 장래 산출할 것으로 기대되는 순수익이나 미래의 현금흐름을 환원하거나 할인하여 대상물건의 가액을 산정하는 감정평가방법을 말한다.

(2) 주요 내용

① 수익환원법의 구조는 환원하는 방식인 직접환원법과 할인하는 방식 할인현금흐름분석법이 있으며, 감정평가대상의 특성, 수익의 발생 패턴, 시장에서 거래방식에 따라 적정기법을 선정해야 한다.

② 평가방식을 정하고 이후 순수익과 미래의 현금흐름을 산정하여 그에 부합하는 환원율과 할인율을 추정하여 수익가액을 산정한다. 이때 수익가액의 적정성은 순수익과 미래의 현금흐름, 환원율과 할인율 등이 시장자료에 의해 얼마나 지지되느냐에 따라 담보된다.

③ 이론적 근거: 화폐의 시간가치

(3) 투하자본 회수방법에 따른 분류

대상물건이 상각재산으로 내용연수 만료 시 상각재산의 가치는 0이 된다. 따라서 내용연수 만료 시까지 매기 투하자본(투자금)을 효용 사용분에 대한 대가로 일정부분 회수를 인식할 필요가 있다.

① 복귀가액으로 자본을 회수하는 방법

저당지분환원법(DCF법)은 기말복귀가액을 별도로 산정하며 자본회수를 감안한다. 즉, DCF법에서 적용되는 할인율은 감가상각을 별도로 고려하지 않은 수익률이 적용되며 기말에 매도함으로써 투하자본의 회수를 인식하고 있다.

② 감가상각액으로 자본을 회수하는 방법

유기(有期)환원방식으로 상각자산에 대해 상각전 순수익을 환원대상으로 한다. 즉, 매기 일정액을 회수하고 적립한 회수액에 대한 원리금 합계가 기말의 재투자에 대한 필요 회수액과 같게 되는 회수율을 결정하는 것이다. 재투자 방식에 따라 직선법, 감채기금법, 연금법 등으로 나누어진다. 재투자이율은 직선법(0) > 상환기금법(i) > 연금법(y) 순으로 작아지고 평가가치는 반대가 된다.

직선법	연금법	상환기금법
$P=\dfrac{a}{(r+\dfrac{1}{n})}$	$P = a \times 복리연금현가율$ $= a \times \dfrac{(1+r)^n - 1}{r(1+r)^n}$	$P = a \times \dfrac{1}{(r+SFF_i)}$

* a: 상각 전 순수익 r: 상각 후 환원율 n: 잔존내용연수 I: 축적이율

2) 환원방법

(1) 직접환원법(DCM법)

구분		전통적 직접환원법
직접법	정의	시간의 흐름에도 변하지 않는 순수익을 환원율로 환원하여 수익가액을 구하는 방법이다.
	전제	순수익의 영속성, 수익이 영속적이므로 투하자본에 대한 회수 고려 불필요하다.
	적용	일정한 순수익이 영속적으로 발생하거나 투하자본에 대한 회수가 불필요한 자산
직선법	정의	상각 전 순수익을 상각 후 환원율에 상각률을 가산한 상각 전 환원율로 환원하는 방법이다.
	전제	순수익과 상각자산의 가치가 동일한 비율로 일정액씩 감소하고 투자자는 내용연수 말까지 자산을 보유하며, 회수자본은 재투자하지 않는다.
	적용	수익 발생 물건이 상각자산이며, 내용연수가 유한하여 투하자본 회수가 고려되어야 하는 경우
상환기금법 (Hoskold법)	정의	상각 전 순수익을 상각 후 환원율과 축적이율 및 내용연수를 기초로 한 감채기금계수를 더한 상각 전 환원율로 환원하는 방법이다.
	전제	자본회수분을 안전하게 회수할 수 있는 곳에 재투자하는 것을 가정하여, 해당 자산에 대한 상각 후 환원율보다 낮은 축적이율에 의해 이자가 발생하는 것을 전제한다. * 축적이율: 위험이 수반되지 않는 투자에 대한 수익률
	배경	매 기간마다 수익이 감소하고 자본회수분이 재투자되지 않는다는 직선법의 문제점을 해결하는 차원에서 제시되었다. 감채기금 자체를 안전율을 적용한 것
	적용	내용연수 만료 시 재투자로 대상의 수익을 연장할 수 없는 광산, 산림등의 소모성자산이나 건물을 고정임대료로 장기임대차에 공여하고 있을 경우 유용

연금법 (Inwood법)	정의	상각 전 순수익을 상각 후 환원율과 상각 후 환원율 및 내용연수를 기초로 한 감채기금계수를 더한 상각 전 환원율로 환원하는 방법
	배경	상환기금법에서 전제로 하는 비현실적인 재투자(원금상환분과 감가상각을 분리함)
	전제	매년의 상각액을 당해 사업이나 유사사업에 재투자한다는 가정에 따라 상각 후 환원율과 동일한 이율에 의해 복리 이자가 발생한다는 것
	적용	매년 순수익의 흐름이 안정적인 물건. 장기임대차 부동산이나 어업권 등

(2) 잔여환원법

전제		부동산가치는 시간이 경과함에 따라 언제나 감소한다는 것과 대상부동산을 경제적 수명까지 보유한다는 가정한다.
토지 잔여법	정의	복합부동산의 순수익에서 건물에 귀속되는 순수익을 공제한 후 도출된 토지 귀속 순수익을 토지환원율로 환원하여 토지 가액을 구하는 방법이다.
	전제	하나의 부동산에서 발생된 순수익을 구분할 수 있다는 것, 발생된 순수익에서 소유자의 경영능력에 따른 수익 또한 구분할 수 있다는 가정한다.
	적용	건축비용을 정확히 추계할 수 있는 신규건물, 건물이 최유효이용 상태에 있는 부동산, 건물가치가 상대적으로 적은 부동산인 주차장 등
건물 잔여법	정의	복합부동산의 순수익에서 토지에 귀속되는 순수익을 공제한 후 도출된 건물 귀속 순수익을 건물환원율로 환원하여 건물 가액을 구하는 방법이다.
	전제	하나의 부동산에서 발생된 순수익을 구분할 수 있다는 것, 발생된 순수익에서 소유자의 경영능력에 따른 수익 또한 구분할 수 있다는 가정한다.
	적용	감가정도가 심한 부동산, 토지가치를 정확히 추계할 수 있는 부동산, 추가투자의 적정성 판단이 요구되는 경우 등
부동산 잔여법	정의	부동산의 전체순수익을 (건물의) 잔존 내용연수 동안 현가화하고, 기간 말 토지가치를 현재가치로 할인하여 더한 값으로 부동산의 가액을 구하는 방법이다.
	전제	순수익은 건물의 경제적 내용연수 기간 동안만 발생하며 기간 말 건물가치는 소멸되고, 토지가치는 일정한 것을 가정하고 있다.
	적용	토지가치의 추계가 용이한 부동산, 적용할 순수익이 연금 성격을 가지는 부동산
지분잔여법/ 저당잔여법	정의	부동산을 금융적 구성요소별로 나누어 지분잔여법과 저당잔여법으로 나눌 수 있다. • 지분잔여법은 순수익에서 원리금상환액 등을 공제하여 지분환원율로 환원한다. • 저당잔여법은 순수익에서 지분수익을 공제하고 저당환원율로 환원한다.

(3) 할인현금흐름분석법(DCF법)

의의	대상물건의 보유기간에 발생하는 복수기간의 순수익과 보유기간 말의 복귀가액에 적절한 할인율을 적용하여 현재가치로 할인한 후 더하여 가액을 산정하는 방법이다.
전제	일정한 보유기간, 보유기간 동안의 시장환경의 변화에 따른 현금흐름의 가변성, 저당조건 및 세금효과 고려 등으로 투자자 시각 반영하여 투자금액의 비율을 감안한 할인율 산정 → 레버리지 효과 반영(가정의 현실성이 가장 큰 장점)
내용	• 평가방법의 구성요소인 현금흐름과 할인율, 복귀가액의 적정성이 수익가액의 신뢰성 담보 • 현금흐름은 경우에 따라 저당대출, 세금효과 등을 명시적으로 고려할 수 있음 • 저당대출의 존부, 세금의 고려 여부에 따라 할인대상이 되는 현금흐름의 성격이 달라짐

3) 순수익 등의 산정

(1) 순수익의 개념

순수익이란 대상물건을 통해서 획득할 수 있는 총수익에서 그 수익을 발생시키는 데 소요되는 경비를 공제한 금액을 의미한다.

(2) 순수익 산정 시 유의사항

가. 최유효이용 기준으로 산정

시장가치는 최유효이용을 기준으로 형성되므로, 대상부동산에서 창출되는 현재의 순수익이 절대적인 기준이 되지 않고 장래에 기대되는 순수익을 기초로 하기 때문에 과거의 순수익이나 수익사례를 그대로 적용하여서는 가치의 왜곡이 발생될 수 있다.

나. 최유효이용 미달 시

현재의 이용상태가 최유효이용에 미달되어 공실률이 높음에도 불구하고 최유효이용 시 기대되는 순수익을 환원 또는 할인 대상 수익으로 적용하라는 것은 아니다. 공실률 증가가 일시적인지 장기적인지에 따라 구분하여 접근하여야 한다.

다. 장래의 동향 고려

부동산의 가치는 현재가치 뿐만 아니라 장래에 대한 수익가능성도 기초가 되므로, 대상부동산 또는 수익사례를 참조하여 장래동향을 파악하고 순수익을 산정해야 한다. 장래의 동향은 인근지역의 변화나 도시형성, 공공시설의 정비상태 등 사용·수익에 미치는 변화를 충분히 분석하여야 한다.

라. 순수익의 분석기준

시장에서 일반적으로 손익계산이 연간 단위로 행해지고 있으므로 순수익도 통상 연간 단위로 산정하며, 순수익은 내용연수에 걸쳐 규칙적·계속적으로 발생하여야 한다.

(3) 순수익 등 산정방법

- PGI - 공실손실 및 대손충당 = EGI
- EGI - 운영경비 = NOI
- NOI - DS = BTCF
- BTCF - TAX = ATCF

(4) 유효총수익(EGI)의 산정

가. 유효총수익

① 가능총수익에서 공실손실상당액 및 대손충당금을 공제하여 산정한다.
② 산정 시 대상부동산의 과거 또는 현재의 유효총수익을 파악하고, 비정상적이거나 일시적으로 발생한 유효총수익에 대해 조정이 필요하다.
③ 조정 시 부동산의 소득창출능력에 영향을 미치는 요인(예 이자율, 부동산의 경과연수, 공실률, GDP, 물가지수 등)에 대한 과거자료 검토가 필요하다.
④ 또한, 대상부동산의 현재 이용 상태에 대한 분석을 통해 현행 유효총수익 수준의 적절성 여부를 판단하고, 비정상적인 임대차계약에 의한 유효총수익의 증감여부 역시 검토해야 한다.

나. 가능총수익 산정

가능총수익은 100% 임대 시 창출 가능한 잠재적 총수익을 말한다. 이는 보증금(전세금)운용수익, 연간 임대료, 연간 관리비수입과 기타수입(예 주차, 광고 등)을 합산하여 구한다.

보증금(전세금) 운용수익	• 임대차계약의 형태에 따라 전세금 또는 보증금이 설정될 수 있다. 설정된 전세금 또는 보증금에 적정 운용이율을 적용하여 보증금운용수익을 산정하게 된다. • 보증금운용이율: 보증금의 운용방식과 관련해서 적용 가능한 이율을 달리 본다. 보증금은 임대차기간 만료 후 임차인에게 반환해야 할 반환채무이므로 안정적 운용을 전제로 한 국·공채 수익률 또는 정기예금이자율 적용 견해와 대출금상환 목적으로 운용할 경우 여신금리이율 또는 요구수익률 등으로 적용하는 견해가 있다.
연간 임대료	임대료는 임차인이 임대가능공간을 임차하여 사용함으로 인해 임대인에게 지불하는 금액으로, 연기준 임대수익을 산정하게 되는데 이는 수익환원법의 환원 또는 할인 대상 수익이 1년 단위를 전제로 하기 때문이다.
연간 관리비 수입	관리비는 전기료, 수도료, 관리비용 등과 같이 임차의 사용에 따라 발생되는 실제비용을 말하며, 관리비의 부과가 실제발생비용보다 높게 부과하는 경우 그 초과분만을 수입으로 잡아야 한다.
그 밖의 수입	건물의 운영 시 발생되는 부수적 수입을 말하며, 그 예로 주차수입, 광고수입, 송수신탑 임대수입, 자동판매기 장소임대료 등이 있다. 예 주차장 수입이 일반적으로 발생되며, 해당 건물의 장기 입주자는 일정 주차면적이 할당되며, 그 주차면적에 대한 주차료는 임대료에 반영되어 있다. 무료주차면적 외의 주차면적에 한하여 월정액 주차 및 시간당 주차료 등이 징수될 수 있다.

(5) 공실손실상당액 및 대손충당금

공실손실상당액	• 공실손실상당액은 공실로 인하여 발생하는 임대료 손실분을 계상한 것이다. • 공실은 임차인들의 정상적인 전출입이나 대상과 대체·경쟁 부동산의 수급변화로부터 발생한다. 발생되는 공실의 유형이 장기적인 공실인지 일시적인 공실인지에 대해 해당지역 임대공간의 수급동향과 본건 부동산의 생산성을 비교 검토하여 파악해야 한다. • 본건이 0%의 공실률을 보이고 있다 하더라도 장래 신규 부동산의 공급으로 공실률이 증가될 여지가 있기에 시장의 적정 공실률을 책정해야 한다.
대손충당금	• 대손충당금은 임차인이 임대차기간 중 임대료를 지급하지 아니할 위험을 대비하여 설정될 금액을 말한다. • 대손충당금은 임차인의 신용, 경제조건과 지역경제사정(예 기반산업의 동향 및 실업률 등) 등에 의해 결정되며, 실제 임차인이 누구인지 분석하여 적정한 임대차 위험을 책정할 필요가 있다.

(6) 운영경비의 산정

가. 의의

운영경비란 부동산의 유지 또는 가능총수익의 창출을 위해 정기적으로 지출되는 경비를 의미한다.

나. 고정경비와 변동경비

고정경비	부동산 점유여부 관계없이 지불되는 경비 예 제세공과금, 보험료, 대체충당금 등
변동경비	점유수준에 따라 변화하는 경비 예 유지관리비, 공익비(전기·가스·수도요금 등) 등

다. 산정방법

직접법	대상의 자료로부터 직접추출, 항목의 객관성·신뢰성 높을 때 활용
간접법	운영경비가 부적절한 경우 시장의 표준적인 운영경비비율 적용

라. 감가상각비의 고려

고정경비이나 실제 경비의 지출이 아니므로 운영경비에는 불포함한다. 시간의 경과에 따라 감가상각의 정도가 심해져 부동산의 총수익이 감소하게 되는데, 이에 감가상각비를 운영경비에 포함시켜 총수익에서 공제하게 되면 이중계산의 문제 발생하여 감가상각비의 처리는 자본회수율을 감안한 환원율로 처리하는 것이 일반적인 방법이다.

마. 유의사항

임대차계약의 내용 및 대상물건의 종류에 따라 포함해야 할 운영경비 항목의 내용이 달라질 수 있다는 점에 유의하여야 한다.

바. 운영경비 항목

① 용역인건비·직영인건비	건물의 유지관리를 위하여 소요되는 인건비를 말하며, 인건비는 관리업무에 종사하는 직원의 근로제공에 대하여 지급하는 일체의 대가를 말한다. 예 관리직 직원의 급여, 상여금, 퇴직급여, 휴가비, 국민연금부담금, 고용보험료, 복리후생비 등	
② 수도광열비	건물의 공용부분에 관련되는 수도광열비를 말하며, 전기료, 수도료, 연료비 등의 공익비로서 이론상 임차인이 부담하여 경비에 계상되지 않는 항목이나, 우리나라는 임대인이 임차인으로부터 징수하여 납부하고 있다. 예 전기료: 공용부분은 복도조명, 승강기, 로비, 지하 주차장 등, 전용부분은 전용 임대공간 안에서 소비되는 경비	

③ 수선유지비	• 일반관리비: 건물 관리를 위해 통상적으로 소요되는 비용
	  예 소모품비, 비품의 감가상각액 등
	• 시설유지비: 건물의 설비 및 시설을 유지 또는 보수하는 데 소요되는 비용
	  예 내외벽, 천장, 바닥 등의 보수와 부품대체비, 엘리베이터, 에스컬레이터, 냉난방설비, 급배수설비 등의 보수비	

④ 세금·공과금	• 부동산에 대하여 부과되는 재산세, 종합토지세(×)→ 종합부동산세, 지역자원시설세, 도시계획세 등의 세금항목과 도로점용료, 과밀부담금, 교통유발부담금 등 공과금 등이 해당된다. • 부동산임대소득에 부과되는 세금, 부동산 취득 관련 세금(예 취득세, 등록세, 상속세, 증여세 등) 및 양도 관련 세금(예 양도소득세, 특별부가세 등)은 불포함한다.	
⑤ 보험료	• 임대 부동산에 대한 화재 및 손해보험료를 말한다. • 계약조건에 따라 소멸성과 비소멸성이 있으나, 임대차하기 위해서 필요한 경비를 운영경비에 계상하기 때문에 소멸성만이 해당된다. 다만, 만기일에 원금 회수하는 비소멸성이라도 연간불입액 중 회수금을 현가화하여 그 차액 만큼만을 경비로 계상할 수 있다.	
⑥ 대체충당금	• 부동산의 임대를 위해 필요한 소모품을 정기적으로 교체하기 위해 매기 적립해야 할 경비를 말하며, 주거용인 경우 냉장고, 세탁기, 가스레인지, 가구 등이 대체충당금 설정 품목에 해당된다. • 대체충당금은 부동산의 효용이나 가치를 유지시키기 위한 수익적 지출만을 의미하며, 효용이나 가치의 증진을 목적으로 하는 자본적 지출은 운영경비에 불포함한다.	
⑦ 광고선전비 등	• 광고선전비는 대상의 임대상황 개선을 위한 광고선전 활동에 소요되는 비용을 말하며, 이러한 활동도 임대를 위한 활동의 범위에 포함시킬 수 있으므로 운영경비에 포함시켜야 한다. • 정상운전자금이자란 임대영업을 영위하기 위한 정상적인 운전자금에 대한 이자로, 임대수입의 수금일과 제 경비의 지출일이 불일치하게 됨에 따라 일정액의 운전자금이 필요하며, 조세공과의 일시납입, 종업원에 대한 일시 상여금 지급 등을 예로 들 수 있다.	

(7) 세전현금흐름 및 세후현금흐름

가. 세전현금흐름(BTCF; Before tax cash flow)

할인현금흐름분석법을 적용하기 위해서는 순수익에 추가조정을 하게 된다. 저당지불액의 고려로 세전현금흐름을 도출하고 세금을 고려하여 세후 현금흐름을 도출할 수 있다.

① 저당지불액 (DS; Debt service)	• 타인자본에 대한 상환금을 저당지불액이라고 한다. 부동산은 일반재화와 달리 고가성 등으로 인하여 타인자본을 필요로 하기 때문에 저당지불액의 고려가 이뤄진다. • 저당지불액은 일반적으로 원리금 균등상환방식을 적용하여 매기 지불해야 하는 저당지불액을 산정하게 된다(예 금융시장에서는 채무불이행위험, 금리위험, 조기상환위험, 유동성 위험 등의 시장상황에 따라 원금균등분할상환, 원리금균등분할상환, 점증상환, 거치 후 일시상환 등의 방식이 존재). • 유의: 소유자의 신용등급에 따른 금융 프리미엄이 부동산의 수익가치에 영향을 미치지 않도록 주의하여야 한다.
② 세전현금흐름 (BTCF; Before tax cash flow)	• 순수익에서 저당지불액을 공제하면 세전현금흐름이 도출된다. • 세전현금흐름은 DCF법을 적용하여 지분가치를 구하는 데 활용된다.

나. 세후현금흐름(ATCF; After tax cash flow)

할인현금흐름분석법 적용 시 할인대상이 되는 현금흐름에 세금항목을 명시적으로 반영한다는 점에서 세금효과가 부동산의 수익가치에 미치는 영향을 분석할 수 있게 된다. 이는 투자분석 시 유용하게 활용 가능하나 세금적용 시 소유자의 신분(예 재산상, 근로자신분 등)에 따라 세금효과가 영향을 받을 수밖에 없다는 문제점이 있다.

① 소득세 또는 법인세	• 부동산 임대소득에 부과되는 세금으로는 소득세 또는 법인세가 있다. 부동산의 임대소득에 대하여는 이자소득, 배당소득, 사업소득, 근로소득, 기타소득과 함께 종합소득으로 과세된다. • 따라서 한계세율에 따라 특정 부동산에 대한 부동산의 임대소득세가 달라지는 점이 있다.
② 세전현금흐름	• 세전현금흐름에 소득세 또는 법인세를 공제하면 세후현금흐름이 도출된다. • 세후현금흐름을 기초로 수익가액을 산정함은 이상적일 수 있으나, 우리나라의 소득세법 체계에서는 소득세가 그 부동산 고유의 소득창출능력뿐만 아니라 소유자 또는 투자자의 한계세율에 따라 달라진다는 점 때문에 평가대상 부동산의 정확한 수익가치라고 단정짓기 어렵다.

(8) 복귀가액의 산정

가. 복귀가액의 개념

보유기간 말 대상부동산의 매도를 통해 매도자가 얻게 되는 순매도액을 말하며, 대상물건의 보유기간 말 재매도가치에서 매도비용 등을 차감하여 산정하게 된다.

나. 산정방법

내부추계법	• 복귀가액은 보유기간 경과 후 초년도의 순수익을 추정하여 최종환원율로 환원한 후 매도비용을 공제하여 산정한다. • 여기서 적용하는 최종환원율은 보유기간 중의 순수익에 적용되는 환원율에 비해 높게 형성되는데, 이는 장래 기간 동안의 수익 변동 가능성, 가치의 변동가능성 등 위험(risk)이 분석 기준시점보다 높게 인식하기 때문이다.
외부추계법	외부추계법은 가치와 여러 변수의 관계, 과거의 가치성장률 등을 고려하여 보유기간 말의 복귀가액을 산정하는 방법이다. 이때 성장률을 판단할 수 있는 객관적인 시장자료의 확보 등이 매도가액의 신뢰성을 담보하게 된다.

다. 세후지분복귀액의 산정

```
            재매도가치
           - 매도경비 등
          ─────────────
          = 복귀가액
           - 미상환저당잔금
          ─────────────
          = 세전지분복귀액
           - 자본이득세(또는 양도소득세) 등
          ─────────────
          = 세후 지분복귀액
```

4) 환원율과 할인율의 산정

(1) 환원율의 개념

환원율이란 대상물건이 장래 산출할 것으로 기대되는 표준적인 순수익과 가치의 비율이다. 이는 대상물건의 전체 내용연수 기간 동안 최유효이용을 전제로 한 장기적인 활동에 대한 이율이며, 투자에 대한 일종의 수익률로서 순수익을 자본화하는 승수적 역할을 한다. 즉, 수익성이 있는 다른 투자자산인 주식, 공·사채, 예금 등 금융자산과의 사이에서 수익에 관한 대체·경쟁관계가 성립한다. 환원율은 자본수익률과 자본회수율로 구성되어 있다. 이때 수익률이란 투자자본에 대한 수익의 비율로서 상각 후 환원율을 의미한다.

상각 전 환원율 = 자본수익률(상각 후 환원율) + 자본회수율

(2) 환원율과 할인율의 차이

구분	환원율(Capitalization rate)	할인율(Discount rate)
의의	순수익을 기준시점의 경제적 가치로 환산하기 위한 적정한 율	미래의 현금흐름을 현재가치로 환산하기 위해 적용하는 이율로 투자자가 어떤 투자안에 투자를 하기 위한 최소한의 요구수익률
적용	직접환원법의 수익가액 및 DCF법의 복귀가액 산정 시 적용	DCF법에서 복수기간의 현금흐름을 현재가치로 전환하는 데 적용
수익의 변동예측과 불확실성 고려 (*일본기준)	장래의 수익에 영향을 미치는 요인의 변동예측과 예측에 수반한 불확실성을 포함한다.	환원율에 포함된 변동예측과 예측에 따른 불확실성 중 복수기간에 발생하는 순수익과 복귀가액의 변동예측에 관계된 것을 제외

환원이율 및 할인율은 모두 부동산의 수익성을 표시하고 수익가격을 구하기 위해 이용하나, 기본적으로는 다음과 같은 차이가 있다.

① 환원이율은 직접환원법의 수익가격 및 DCF법의 복귀가격을 산정할 때 1기간의 순수익에서 대상부동산의 가격을 직접구할 때 이용하는 율이며, 장래 수익에 영향을 미치는 요인의 변동예측과 예측에 수반한 불확실성을 포함한다.

② 할인율은 DCF법에서 어떤 장래시점의 수익을 현재시점의 가치로 환산할 때 이용하는 율이며, 환원이율에 포함되는 ㉠ 변동예측과 ㉡ 예측에 따른 불확실성 중, 수익예상에서 고려된 연속하는 복수기간에 발생하는 순수익과 복귀가액의 변동예측에 관계된 것을 제외한 것이다.

③ 직접환원법에서 환원대상이 되는 것은 1기간의 순수익이기 때문에, 1기간의 순수익 변동예측과 가격의 변동예측은 환원이율에 반영되게 된다. 다른 한편, DCF법에서는 순수익의 변동이 장래 예상수익(cash flow)이 명시되고, 이 명시된 순수익을 할인하기 때문에 할인율에는 장래 수익예측에 반영된 변동예측은 포함되지 않는다. 이같이 할인율과 환원이율의 구성요소가 상이하기 때문에, 할인율에 환원이율에 필요한 요소를 가미하여 할인율로부터 환원이율을 구하는 관계식이 성립한다.

$$R = Y - g \quad (g: \text{순수익의 변동률 - 변동에 대한 예측치})$$

(3) 환원율 산정방법

시장추출법	• 시장추출법은 시장으로부터 직접 환원율을 추출하는 방법으로 대상부동산과 유사한(대체경쟁관계에 있는) 최근의 거래사례로부터 환원율을 도출하는 방법이다. 유사성을 판단할 때는 대상부동산과의 대체성을 지니는지 제반 가치형성요인 측면에서 검토한다. • 적용상 한계: 우리나라는 부동산 거래정보의 비공개성으로 매매사례의 포착이 어렵고, 부동산관리 개념이 정착되지 않아 수익·경비 자료의 수집 및 분석 작업이 용이하지 않기에 시장추출법의 적용이 제약된다.
요소구성법	• 요소구성법은 무위험율(은행의 정기예금이율, 3년 또는 5년 만기 국채수익률)을 바탕으로 대상부동산에 대한 위험을 여러 가지 구성요소로 분해하고, 각 요소별 개별적 위험을 더해감으로써 환원율을 구하는 방법이다. • **위험성**: 투자대상으로서의 위험성, 장래수익의 불확실성 등 • **비유동성**: 다른 투자대안보다 현금화가 어려운 부동산의 특징 • **관리의 난이성**: 임대료의 징수, 유지, 수선 및 계약관리 등으로 이를 위해서는 시간과 비용이 소요된다. • **자금의 안전성**: 도난, 멸실의 위험성이 적으며 인플레이션 위험 회피
투자결합법	• 물리적 투자결합법: 토지와 건물의 구성비율에 각각 토지환원율과 건물환원율을 곱하여 이들을 합산해 구한다. • 금융적 투자결합법: 저당비율에 저당상수를 곱하고 지분비율에 지분환원율을 곱한 후 이들을 합하여 구한다(저당투자자와 지분투자자의 요구수익률이 상이하다는 점에서 착안).
유효총수익승수법	유효총수익승수에 운영경비비율을 반영하여 거래가격과의 비율을 기초로 환원율을 구하는 방법이다.
시장에서 발표된 환원율	• 시장에서 발표된 환원율을 활용하는 방법으로, 환원율의 발표주체, 적용 대상, 적용 기간 등에 따라 다양하므로 이에 대한 검토가 필요하다. 예 국토부 발표 상업용 부동산 임대 동향 보고서 분기별로 발표 • 시장에서 발표된 자료는 일반적인 시장의 표준적인 수준을 나타내므로 대상이 속한 지역적 특성, 물건의 개별성을 반영할 수 있도록 추가적인 조정이 필요하다.

> **심화**

1. 물리적 투자결합법

1) 근거

물리적 투자결합법은 소득을 창출하는 부동산의 능력이 토지와 건물이 서로 다르며, 이것은 분리될 수 있다는 가정에 근거하고 있다.

2) 검토

부동산소득은 전체부동산이 결합해서 창출하는 것이므로 물리적 구성부분에 따라 나누어질 수 없다는 강한 비판이 있다. 또는 토지환원율과 건물환원율이 서로 달라지는 부동산은 최유효이용 상태에 있는 것으로 볼 수 없기 때문에 부동산 가격제원칙에 위배되는 평가기법이라는 비판이 있다. 현재는 부동산평가는 대상부동산의 최유효이용을 전제로 시장가치를 평가하는 것으로 되어 있기 때문에 현재 거의 사용되고 있지 않다.

2. 금융적 투자결합법

1) 근거

금융적 투자결합법은 요소구성법의 주관성과 물리적 투자결합법의 이론적 결점을 시정하기 위해 고안된 방법이다. 이 방법은 저당투자자의 요구수익률과 지분투자자의 요구수익률이 서로 다르다는 것에 착안하여 투자자본을 금융적 측면에서 구분하고 있다.

2) 산식

(1) Ross식

$$R = \frac{E}{V} \times R_E + \frac{L}{V} \times i(이자율)$$

Ross에 의해 개발된 투자결합법은 저당이자율을 저당환원율로 사용하고 있어 저당대부에 대한 이자만을 고려한 방법으로 저당투자자의 자본회수는 고려되고 있지 않다. 따라서 Ross에 의한 원래의 방법으로는 종합환원율을 도출할 수 없기 때문에 현재에는 사용되고 있지 않다.

(2) Kazdin식

$$R = \frac{E}{V} \times R_E + \frac{L}{V} \times MC(저당상수)$$

Kazdin에 의한 금융적투자결합법은 저당투자자와 지분투자자의 자본회수를 둘 다 고려하고 있다. 따라서 이 방법에 의해 도출된 자본환원율은 종합환원율이 된다. 저당환원율로 사용되고 있는 저당상수는 매 기간마다 원금상환분과 이자지불분을 포함하고 있고 지분투자자의 자본회수는 지분환원율에 이미 고려되어 있는 점이 차이가 있다.

3. Ellwood법

1) 의의 및 근거

$$R = y - \frac{L}{V}(y + p \times SFF - MC) \mp g \times SFF$$

엘우드가 제시한 자본환원율을 구성하고 있는 요소는 매 기간 동안의 현금흐름, 보유기간 동안의 부동산의 가치 상승 또는 하락, 보유기간 동안의 지분형성분이라 한다. 지분형성분이란 저당대출에 대한 원금과 이자를 정기적으로 지불함으로 인해서 기간 말 지분투자자의 몫으로 돌아가는 지분가치의 증분을 말한다.

2) 검토

엘우드법은 투자자가 지불할 투자가치의 계산이 가능하고, 부동산 가격과 금융 간의 관계를 고려하고 있다는 점, 전형적인 보유기간 등 자본환원율을 구성하고 있는 요소에 대한 우수성이 인정된다. 다만 세금이 부동산의 가치에 미치는 영향을 고려하고 있지 않기 때문에 전형적인 투자자들의 형태를 반영하지 못한다는 단점이 있다.

4. 부채감당법

1) 의의 및 근거

Gettel이 발표한 것으로 부채감당률을 이용해 자본환원율을 계산하는 방법이다. 저당투자자의 입장에서 대상부동산의 순영업소득이 과연 매기간 원금과 이자를 지불할 수 있느냐 하는 부채감당률에 근거하여 종합환원율을 구하는 방법이다.

2) 검토

Gettel은 대상부동산의 투자결합법이나 엘우드법이 지나치게 지분투자자 위주로 자본환원율을 계산하고 있다고 비판하였다. 이에 반해 부채감당법은 전형적인 부채감당률, 대부비율, 저당상수에 의한 종합환원율을 구하고 있다. 이 방법은 부동산 가치 변화 등의 예측이 불필요한바 객관적이고 간편하게 구할 수 있다는 장점이 있으나 대출자의 입장에 지나치게 치우치고 있다는 비판이 있다.

(4) 할인율 산정방법

투자조사법	• 시장에 참가하고 있는 투자자 또는 잠재적 투자자를 대상으로 설문조사 등을 토대로 할인율을 추정하는 방법 • 설문조사를 할 경우 특정 집단을 대상으로써 함으로 인해 조사자의 주관성, 편의(bias)가 발생할 수 있다는 점에 유의
투자결합법	• 물리적 결합법: 토지와 건물의 구성비율에 각각 토지할인율과 건물할인율을 곱하고 이들을 합산하여 할인율을 산정하는 방법 • 금융적 결합법: 타인자본비율에 요구수익률을 곱하고, 자기자본비율에 지분수익률을 곱한 후 이들을 합산해 구하는 방법
시장에서 발표된 할인율	• 시장에서 발표된 할인율(또는 수익률)을 활용하는 방법으로, 할인율의 발표주체, 적용 대상, 적용 기간 등에 따라 다양하므로 이에 대한 검토가 필요하다. 예 국토부 발표 상업용부동산 임대동향 보고서 분기별로 발표 • 시장에서 발표된 자료는 일반적인 시장의 표준적인 수준을 나타내므로 대상이 속한 지역적 특성, 물건의 개별성을 반영할 수 있도록 추가적인 조정이 필요하다.

(5) 실무상 환원율 및 할인율 결정 시 유의사항(대체-경쟁의 원칙 등)

환원율 및 할인율은 감정평가 대상물건과 대체상품으로서 수익성이 있는 기타 자산과 밀접한 관계를 맺고 있다.

고려사항	경쟁 자산의 수익률, 금융시장의 환경, 거시경제 변수
타자산 수익률	회사채 수익률, 국채 수익률, 리츠 수익률, 주식 수익률, 각종 금융상품 수익률 등
금융시장	금리 추세, LTV 및 DTI 등의 금융 정책 변화 등
거시경제	GDP성장률, 소비자물가지수 상승률, 실업률, 경제동향 등

또한 환원율 및 할인율은 평가 대상물건이 속한 지역의 용도, 유형, 상태 등에 따라 다양하게 나타날 것이므로 대상물건의 지역요인 및 개별요인 등을 면밀하게 검토하여 결정해야 한다.

5) 환원율의 조정

(1) 환원율 조정의 필요성

① 순영업소득의 종류에 따른 필요성

순영업소득은 영속성 여부, 상각 또는 세공제 여부에 따라 구분되며, 대상수익의 종류에 따라 환원율에서 자본회수 또는 세금효과를 반영해야 하므로 환원율의 조정이 필요하다.

② 순영업소득 변동에 따른 필요성

순영업소득은 대상물건의 경제적 내용연수 또는 보유기간 동안 일정불변한 것이 아니라 정액 또는 정률로 증감하는 것이 타당한 경우가 있다. 이 경우 순영업소득 변동을 가격에 반영해야 하는데, 직접환원법을 적용 시에는 이를 환원율에 반영하여 조정하는 것이 일반적이다.

③ 부동산 가치증감에 따른 필요성

기간 말 부동산의 재매도로 자본의 회수를 고려하는 경우 부동산의 가치 증감은 자본회수율의 변동을 가져온다. 따라서 자본환원율 전체를 조정할 필요성을 가져온다.

(2) 소득증감에 따른 환원율의 조정

① 순영업소득이 일정한 경우

추계된 순영업소득이 일정할 경우 앞으로 기대소득이 증가될 가능성이 높은 부동산에는 상대적으로 낮은 자본환원율을 그렇지 않은 부동산에 대해서는 높은 자본환원율을 적용한다.

② 순영업소득이 매기 g%씩 증가 예상 시

대상부동산의 순영업소득이 1기부터 매년 g%씩 영구적으로 증가할 것으로 예상된다면 $R = \frac{(r-g)}{(1+g)}$로 조정될 수 있다.

③ 순영업소득이 매기 일정액/비율로 증감 시

순영업소득이 1기부터 감채기금 형식으로 매 기간 일정액씩 누적적으로 증감하는 경우에는 J계수로 조정한다. 순영업소득이 매 기간 일정비율로 증감하는 경우에는 K계수를 이용하여 조정한다.

(3) 위험에 대한 환원율 조정

장래 불확실성이라는 위험에 대한 리스크는 수익성에 반영된다. 합리적인 투자자들의 투자행태는 안정된 소득이 확실하게 보장될 가능성이 높은 경우 상대적으로 높은 가격을 지불하는 것으로 나타난다. 즉 불확실성이 높은 부동산은 높은 환원율을, 불확실성이 낮은 부동산에는 낮은 환원율을 적용하게 된다.

(4) 인플레이션에 대한 환원율의 조정

인플레이션 위험은 시장에서 가격의 상승으로 구매력이 떨어질 가능성을 일컫는다. 수익방식에서 요구하는 순수익은 안정화된 것으로 계속적·규칙적으로 발생하여야 한다는 전제조건이 있다. 따라서 인플레이션에 의한 순수익 변동의 영향을 배제하고 현재 및 장래에 예상되는 순수익의 실질적인 가치를 추산할 필요가 있다. 인플레이션이 반영된 명목금액을 예측한 NOI인 경우 환원율은 예상인플레이션을 반영하는 명목이율이어야 한다. 인플레이션이 포함되지 않은 실질NOI를 예상하는 경우 인플레이션율을 뺀 실질이자율이 반영되어야 한다. 감정평가실무상 명목NOI를 추산하고, 환원율은 인플레이션율을 뺀 실질이율로 적용하는 것이 통상적이다.

2. 수익분석법

1) 개관

(1) 의의

"수익분석법"이란 일반기업 경영에 의하여 산출된 총수익을 분석하여 대상물건이 일정한 기간에 산출할 것으로 기대되는 순수익에 대상물건을 계속하여 임대하는 데에 필요한 경비를 더하여 대상물건의 임대료를 산정하는 감정평가방법을 말한다.

(2) 주요 내용

평가대상 물건의 수익이 해당 기업 수익의 대부분을 구성하고 있는 경우와 경영 주체에 의한 기업수익에 미치는 영향이 적은 경우 등 대상물건에 귀속되는 순수익액 등을 적정하게 구할 수 있는 경우에 유효하다(정부·공공기관 등 국·공유 수익부동산을 기업용으로 임대하려는 경우 유용하다).

(3) 순수익의 산정

① 대상물건의 총수익에서 일반경비(매출원가, 판관비, 정상운전자금이자, 그 밖의 생산요소 귀속 수익 등을 포함) 공제하여 산정한 금액이다.

② 순수익은 객관적·표준적·합법적이고 안정적인 것이어야 하나, 반드시 최유효이용일 필요는 없다(즉, 현황 그대로의 수익).

(4) 필요제경비의 산정

가. 필요제경비 의의

임대차계약에 따라 임차인이 임대 목적 부동산을 사용·수익할 수 있도록 임대인이 대상물건을 적절하게 유지관리하는 데 필요로 하는 제경비이다.

나. 산정 시 유의사항

① 필요제경비는 부담주체에 관계없이 합리적이고 적정한 수준의 경비로서, 산정할 항목의 중복계상 또는 누락에 유의해야 한다.

② 임대차계약 사항을 면밀히 검토하여 과다 또는 과소 책정된 항목을 시장의 통상적인 수준으로 보정하는 작업 등이 필요하다.

다. 산정항목

감가상각비	대상물건이 시간이 경과함에 따라 발생하는 물리적, 기능적, 경제적 가치감소액
유지관리비	• 대상물건의 유용성을 유지 또는 회복시키기 위해 필요한 수익적 지출로서 수선비·유지비·관리비 등을 말한다. • 청소비, 수도광열비, 기타 잡비 등은 부가사용료 또는 공익비로 처리한다.
조세공과금	• 대상부동산에 직접 부과되는 세금 및 공과금으로, 법인세와 소득세는 제외한다. ※ 법인세와 소득세는 개인별로 세율의 차이가 있어 소유자의 세금 신분에 따라 시장가치 또는 임대료가 달라지는 모순 발생
손해보험료	화재보험료, 기계나 설비에 대한 보험료 등 임대차를 계속하는 데 통상적으로 필요한 경비로 임대차에 제공되는 부분에 해당하는 적정액(소멸성 보험료)
대손준비금	• 임료지불 불이행으로 인한 손실을 예방하기 위해 일정액을 필요제경비에 포함한다. • 단, 보증금이 충분히 설정된 경우 별도산정하지 않는다.

(5) 수익분석법의 한계

수익분석법을 적용하는 순수익은 일반 기업경영에 의하는 경우를 기초로 기업용 부동산에 귀속되는 적절한 순수익을 구할 수 있는 경우 유용하다. 이는 주거용 부동산과 같은 비기업용 부동산의 임대료 산정 시에는 부적절한 한계가 있다.

또한, 기업의 경제적 이익은 부동산, 자본, 노동, 경영 등 각 생산요소를 결합하여 얻게 되는 것으로 보아 기업의 생산요소 가운데 대상부동산에 귀속되는 순수익부분을 일반 수요자 측면에서 임료결정 요소로 간주하는 방법이다. 이는 기업의 순수익이 각 생산요소의 결합으로 생기는 부분과 이를 대상부동산에 귀속분으로 나누는 실무적 어려움을 간과한 것이다.

임대차에 의해 발생하는 순수익이 임대사례 등에서 파악된다면 순환논리의 오류가 발생할 수 있는 점에 유의해야 한다.

★ 기출문제

제3회 문제1

부동산감정평가의 수익환원에 관하여 다음 사항을 약술하시오. (40점)

물음 1) 자본(수익)환원이론의 발전과정

물음 2) 수익가격과 가격원칙과의 관계

물음 3) 자본환원이율의 구조이론

물음 4) 동태적 부동산시장에서의 자본환원이율 결정방법을 논하고 감정평가에 관한 규칙에서 정한 기준에 관한 언급

제9회 문제1
최근 부동산시장이 개방되면서 상업용 부동산의 가치평가방법이 수익방식으로 변화하는 추세이다. 자본환원이론의 발전과정을 설명하고, 저당지분환원법(저당-자기자본방법: mortgage-equity capitalization)의 본질과 장점 및 문제점을 논술하시오. (30점)

제10회 문제4
수익환원법을 적용함에 있어서 순수환원이율에 추가되는 투자위험도의 유형과 반영방법에 대하여 설명하시오. (10점)

제12회 문제4
자본회수율과 자본회수방법(10점)

제13회 문제1
최근 상업용 부동산의 가치평가에서 수익방식의 적용이 중시되고 있는 바 수익방식에 대한 다음 사항을 설명하시오. (40점)

물음 1) 수익방식의 성립근거와 유용성

물음 2) 환원이율과 할인율의 차이점 및 양자의 관계

물음 3) 할인현금수지분석법(DCF)의 적용 시 재매도가격의 개념 및 구체적 산정방법

물음 4) 수익방식을 적용하기 위한 조사자료 항목을 열거하고 우리나라에서의 수익방식 적용의 문제점

제14회 문제3

수익성 부동산의 가치는 할인된 현금수지(discounted cash flow)와 순운영소득(net operating income)을 이용하여 구할 수 있고, 이 가치들은 대부기관의 담보가치 결정 기준이 된다. 다음 물음에 답하시오. (20점)

물음 1) 두 평가방법으로 구한 부동산의 담보가치를 비교하여 설명하시오.

제18회 문제4

동적 DCF분석법과 정적 DCF분석법의 비교 (10점)

제22회 문제1

부동산의 가치는 여러 가지 요인에 의해 영향을 받기 때문에 감정평가사는 대상부동산의 개별적 특성뿐만 아니라 정부의 정책과 부동산시장변화에 대해서도 이해할 필요가 있는바, 다음 물음에 답하시오. (40점)

물음 2) 최근 수익성 부동산에 대한 관심이 확산되고 있는데 수익형 부동산의 특징과 그 가격형성원리에 대해 설명하시오. (15점)

물음 3) 수익형 부동산의 평가방법에 대해 설명하시오. (10점)

제23회 문제2

최근 수익성 부동산의 임대차시장에서는 보증부월세가 주된 임대차 계약 형태로 자리를 잡고 있다. 이 수익성 부동산을 수익환원법으로 평가하고자 할 때, 다음의 사항에 대하여 답하시오. (20점)

물음 1) 이 수익성 부동산의 평가절차에 대해서 설명하시오. (10점)

물음 2) 보증금의 처리 방법과 문제점에 대해서 논하시오. (20점)

제27회 문제2

감정평가사 甲은 乙주식회사가 소유한 △△동 1번지 소재 업무용빌딩과 △△동 1-1번지 나지상태의 토지에 대하여 재무보고목적의 감정평가를 진행하려 한다. 다음 물음에 답하시오. (30점)

물음 2) 甲은 △△동 1번지 소재 업무용빌딩에 대하여 할인현금흐름분석법(discounted cash flow method)을 적용하려 한다. 이 때 적용할 할인율(discount rate)과 최종환원율(terminal capitalization rate)을 설명하고, 업무용 부동산시장의 경기변동과 관련하여 양자의 관계를 설명하시오. (15점)

제33회 문제2

소득접근법에서 자본환원율을 결정하는 방법이다. 다음 물음에 답하시오. (30점)

물음 1) 투자결합법(band of investment method)의 2가지 유형을 구분하여 쓰고, 엘우드(Ellwood)법을 비교 설명하시오. (20점)

물음 2) 자본환원율(capitalization rate)의 조정이 필요한 이유와 조정 방법을 설명하시오. (10점)

제34회 문제1

수익환원법에는 직접환원법과 할인현금흐름분석법(DCF법)이 있다. 다음 물음에 답하시오. (40점)

물음 1) 직접환원법과 할인현금흐름분석법의 개념 및 가정에 대하여 비교·설명하시오.

물음 2) 직접환원법과 할인현금흐름분석법의 투하자본 회수의 인식 및 처리방법에 대하여 비교·설명하시오. (15점)

물음 3) 할인현금흐름분석법의 한계에 대하여 설명하고, 이를 극복하는 측면에서 확률적 할인현금흐름분석법에 대하여 설명하시오. (10점)

V. 자동가치산정모형(AVM)

1. 정의

"자동가치산정모형"이란 실거래자료, 부동산가격공시자료 등을 활용하여 토지등 부동산의 가치를 자동으로 추정하는 컴퓨터 프로그램을 말한다.

2. 감정평가와의 관계[2]

	각 국의 견해
한국	감정평가실무기준에서는 자동가치산정모형에 의한 추정가치는 감정평가액으로 볼 수 없다고 명시하였다.
미국 (USPAP)	AVM의 결과 자체는 감정평가가 아니며 AVM 결과보고 자체는 감정평가서가 아니다. → AVM은 가치의견을 도출하지 못하고 추정치나 계산결과를 도출하는 도구일 뿐이다.
영국 (RICS)	AVM고객의 요청에 따라 AVM의 산출물을 평가에 사용할 수 있지만, 서면평가에 준하는 평가기준을 따르도록 규정하고 있다. 또한 이로 발생하는 문제는 평가사에게 책임을 부여하고 있다.

---

[2] 안지희, 해외 자동가치산정모형(AVM)이 제도와 실태, 감정평가리포트, 2021

유럽	AVM을 통해 반자동 가치평가가 이루어지고 전문가는 AVM결과를 검증하고 보정한다. AVMAA (AVM Assisted Appraisal)은 자격 평가사의 경험과 판단에 의존하는 반자동가치평가로, 자격평가사의 의견이 반영되어 AVM결과는 법적 가치평가(Legally Compliant Valuation)로 전환된다.

AVM이 감정평가인지에 관한 논의가 있으나, 현재까지 AVM은 감정평가의 보조적 수단이며, 이를 활용여부 및 결과에 대한 책임은 감정평가사에게 있다고 보고 있다.

3. 활용 시 유의사항

감정평가법인등은 자동가치산정모형을 활용할 경우 다음의 사항을 이해하고 검토하여야 한다.
① 자동가치산정모형의 알고리즘
② 자동가치산정모형에 사용되는 데이터의 종류 및 범위, 적합성
③ 자동가치산정모형을 통해 산출된 결과물의 적정 여부

4. 관련 용어 정리

1) 빅데이터

(1) 의의

디지털환경에서 생성되는 데이터로 그 규모가 방대하고 생성 주기도 짧으며 비정형데이터에 포함된다.

(2) 감정평가 자료 측면에서 활용방안

① 다중회귀분석에서 특성값 등에 활용하며 가치형성요인을 구체적이고 다각적으로 분석할 수 있다.
② 지역별 가격수준 등 수요요인 분석을 통하여 부동산시장분석 및 가격정보체계를 구축할 수 있다.
③ 통계자료활용으로 예측의 정확도를 향상시켜 감정평가자료의 객관성을 제고할 수 있다.

2) CAMA(대량감정평가)

대량의 부동산가치를 동일한 시점에 동일한 목적으로 한꺼번에 평가하는 것으로, 재산세 과세평가 시 체계적이고 표준화된 가치추정 및 절차의 필요에 의해 발전되었다.

제2장

목적별 감정평가

제2장 목적별 감정평가

Ⅰ. 담보평가

① 담보평가란 담보를 제공받고 대출 등을 하는 은행·보험회사·신탁회사·일반기업체 등(이하 "금융기관등"이라 한다)이 대출을 하거나 채무자(담보를 제공하고 대출 등을 받아 채무상환의 의무를 지닌 자를 말한다)가 대출을 받기 위하여 의뢰하는 담보물건(채무자로부터 담보로 제공받는 물건을 말한다)에 대한 감정평가를 말한다.
② 감정평가법인등이 담보평가를 수행할 때에는 감정평가관계법규에서 따로 정한 것을 제외하고는 [100 총칙]부터 [600 물건별 감정평가]까지의 규정을 적용한다.
③ 감정평가법인등이 담보평가의 의뢰와 수임, 절차와 방법, 감정평가서 기재사항 등에 관한 세부사항을 금융기관 등과의 협약을 통하여 따로 정할 수 있다. 다만, 이 경우에도 관계법규 및 이 기준에 어긋나서는 아니 된다.

1. 규정의 취지

담보평가는 금융기관 등이 대출에 대한 담보물의 취득을 목적으로 담보물건의 상태나 사실관계를 조사·확인하여 그 진위·선악·적부 등을 판정하고 대상물건의 경제적 가치를 판단하는 것을 말한다. 담보물건의 적절한 경제적 가치 판단은 채무자의 재산권을 인정함과 동시에 채권자의 안정적인 채권 확보를 가능케 함으로써, 건전한 금융환경을 조성하여 국민경제를 원활하게 하는 역할을 하는 중요한 분야이다. 본 규정은 담보평가의 개념 및 평가 시 지켜야할 사항에 대해 규정한다.

2. 주요내용

1) 담보평가의 의미

담보평가는 담보를 제공받고 대출 등을 하는 금융기관 등이 대출을 하거나 채무자가 대출을 받기 위하여 의뢰하는 담보물건에 대한 감정평가로서, 여기서 금융기관 등은 채권자를 말하며, 담보물건은 채권자가 채무자로부터 제공받은 담보물을 말한다.

2) 담보평가 시 기준가치

「감정평가에 관한 규칙」제5조에 근거하여 시장가치를 기준가치로 함이 원칙이다. 다만, 담보평가의 경우 그 성격을 고려하여 미실현 개발이익 등의 반영 등에 주의해야 할 것이며, 범위로 나타나는 시장가치 중 다소 안정적인 가액 결정의 접근이 필요하다. 다만, 제5조 제2항 제2호에 따른 의뢰인의 요청이 있는 경우 시장가치 외의 가치를 적용할 수 있을 것이다(예 PF 등).

3) 담보평가 시 평가원칙

① 대상부동산의 물적 현황 및 권리관계등에 대한 확인주의
② 물적 상태 확정에 있어 현실적 이용상태를 기준하는 현황주의
③ 원하는 때에 적정한 금액으로 조기에 환가처분을 전제하는 처분주의
④ 완전한 채권 회수 실현을 위해 미래 불확실성에 대해서 보수주의
⑤ 업무수행에 있어 금융기관과 협약등을 준수하는 준칙주의

> **판례**
>
> 금융기관과 감정평가업무협약을 체결하면서 감정 목적물인 주택에 대한 임대차 사항을 상세히 조사하기로 약정한 경우, 임대차 조사상 하자 등이 있어 금융기관에 손해가 발생한 경우 손해배상할 책임이 있다(대법원 2004.5.27. 선고, 2003다24840).

4) 담보평가 방법

감정평가에 관한 규칙 및 감정평가 실무기준에 근거하여 감정평가하며, 금융기관과의 협약을 준수해야 한다. 추가적으로 감정평가협회에서 발간한 감정평가실무매뉴얼(담보평가편) 등을 참고할 수 있다. 담보평가 시 대상물건 확정이 중요한데, 환가성이 낮은 도로나 부합물 및 종물 등은 감정평가외 처리하는 것이 일반적이다.

3. 유의사항 – 부적절한 담보물건

담보물건의 적격요건상 환가성, 유동성, 법적안정성, 물적 안정성 등의 측면에서 부적절한 것을 의미한다. 환가성이 낮은 경우 채무불이행에 따른 채권회수 가능성이 극히 낮아지기 때문이다. 이러한 물건의 경우에는 의뢰인에게 담보 취급 여부 등을 알리고 적절한 조치를 취해야 하며, 감정평가서에 기재하여야 한다.

1) 다른 법령에서 담보취득을 금지하는 물건이거나 담보제공을 위하여 주무관청의 허가가 필요한 물건임에도 불구하고 허가를 받지 아니한 물건

행정재산, 양도 또는 제한물권을 설정하거나 압류 등을 할 수 없는 재산, 전통사찰의 재산, 향교재산, 의료법인의 기본재산 등

2) 담보권을 제한하는 권리가 있는 부동산

예고등기, 압류, 가압류, 가처분, 가등기, 경매개시등기 등의 등기가 되어 있는 물건은 관련 법령에 따라 처분이 금지되므로, 해당 물건을 담보취득할 경우 등기권리자에게 대항할 수 없기 때문에 담보의 목적을 실현하지 못할 가능성이 높다.

3) 특수한 용도로 이용되고 있는 것으로서 다른 용도로의 전환가능성이 적고 매매의 가능성이나 임대차의 가능성이 희박한 물건

도로, 구거, 사도, 묘지, 유지, 하천 등의 토지와 교회, 고아원, 양로원 등의 특수용도로 사용되는 부동산 (현실적으로 교회는 빈도 높게 취급되고 있음)

4) 공부상 소재지 · 지번 · 면적 등이 실제와 현저히 달라 동일성을 인정하기 어려운 물건

공부와 달라지는 부분이 불법에 기인할 경우 채권기관의 채권회수에 문제를 야기한다.

5) 지상에 제시 외 건물 등(종물 및 부합물 제외)이 있는 토지

가. 종물·부합물 판단의 중요성

「민법」 제358조에 따르면 저당권의 효력 범위는 법률에 특별한 규정 또는 설정행위에 따른 약정이 있는 경우를 제외하고는 원칙적으로 저당부동산에 부합된 물건과 종물에 미친다. 대상물건에 담보권의 효력을 제한하는지를 판단함이 중요하다.

나. 종물

① 「민법」 제100조: 물건의 소유자가 그 물건의 상용에 공하기 위하여 자기소유인 다른 물건을 이에 부속하게 한 때 그 물건을 종물이라고 한다. 종물은 독립된 별개 물건으로서 사회통념상 계속해서 주된 물건의 상용에 이바지할 것을 요한다.

② 판례: 종물의 판단기준으로 어느 건물이 주된 건물의 종물이기 위해서는 주물의 상용에 이바지 즉, 주물 그 자체의 경제적 효용을 다하게 하여야 한다고 하였다(예 주택에 딸린 화장실, 공장에 부속된 경비실 및 창고 등).

다. 부합물

① 부합물이란 소유자를 달리하는 수 개의 물건이 결합하여 1개의 물건으로 될 때, 이러한 부합에 의하여 만들어진 물건을 말한다.

② 부동산의 소유자는 원칙적으로 부합한 물건의 소유권을 취득하나, 전세권, 지상권 임차권 등의 권원에 의해 부합된 부합물은 부속시킨 자의 소유이다.

③ 판례: '부합물의 판단기준으로서 부착된 물리적 구조뿐만 아니라 그 용도와 기능면에서 기존건물과 독립된 경제적 효용을 가지고 거래상 별개의 소유권의 객체가 될 수 있는지의 여부 및 증축하여 이를 소유하는 자의 의사 등을 종합하여 판단한다'고 판시하였다.

6) 공부상 등재되지 아니한 건물(적법하게 추가 등재가 가능하거나, 준공검사를 필한 건물은 제외)

가. 미등기건물과 법정지상권 확인의 중요성

우리나라 등기법제상 토지와 건물은 별개의 부동산, 따라서 지상의 건물을 담보취득하지 않을 경우 향후 담보권 실행에 법정지상권이 성립되어 환가처분이 곤란하거나 환가처분가격이 크게 떨어질 수 있으므로, 토지상에 미등기건물의 소재여부 및 법정지상권 성립 여부를 판정한다.

나. 실무처리방법

① 토지상에 미등기건물만이 존재

미등기건물이 건물로서 요건을 갖추고 있다면 법정지상권이 인정될 수 있으므로, 먼저 보존등기를 한 후에 토지-건물에 저당권을 설정한다.

② 토지상에 등기된 건물과 미등기건물이 함께 존재하는 경우

㉠ 등기건물에 설정한 저당권의 효력이 미등기건물에 미치는지 여부는 미등기건물에 대해 독립성 인정여부에 따라 판단한다.

㉡ 독립성 인정되는 경우: 법정지상권이 성립할 수 있으므로, 미등기건물에 대해 보존등기 후 저당권 설정한다.

㉢ 독립성 부정되는 경우: 기등기된 건물의 종된 건물(종물 부합물)이 되어 등기된 건물에 저당권을 설정하면 미등기건물에도 효력이 미치므로 별도 등기 불요하다.

7) 구조가 복잡하거나 현상이 극히 불량하여 일정기간 동안 그 보존이 어렵다고 인정되는 건물이나 기계·기구 등

   가. 리스기계

   리스기계는「여신전문금융업법」에 의해 사업자가 리스회사로부터 임대받은 물건으로,「공장 및 광업재단 저당법」에 의하여 취득한 담보물을 경매 실행 시 복잡한 법률관계가 발생하므로, 통상적으로 담보에서 제외한다.

   나. 소유권유보부 기계·기구

   대금분할지급매매에는 대금의 완제 전에 목적물을 인도하는 경우가 있는데, 이 경우에 대금의 완제가 있을 때까지 목적물의 소유권을 매도인에게 유보하는 계약을 말한다. 이 경우 공급계약서 등을 확인받아 소유권유보부 기계·기구일 경우 담보대상에서 제외한다.

8) 과잉유휴시설이거나 단독효용가치가 희박한 부분

   가. 과잉유휴시설

   과잉유휴시설이란 해당 공장의 생산공정상 필요 정도를 초과하여 설치된 시설과 업종 변경 등으로 인하여 가동하지 않고 가까운 장래에도 가동할 전망이 없는 시설을 말한다. 담보평가 시 제외한다.

   나. 단독효용가치 희박 부동산

   부동산은 그 형상·면적·도로저촉 등의 공법상 제한사항 등으로 인하여 일부 또는 전체가 단독으로 이용될 수 없는데, 이 경우에는 시장에서 거래가 제한되고 가치를 형성하지 못하기 때문에 담보평가에서 제외한다.

기출문제

제14회 문제3

수익성 부동산의 가치는 할인된 현금수지(discounted cash flow)와 순운영소득(net operating income)을 이용하여 구할 수 있고, 이 가치들은 대부기관의 담보가치 결정 기준이 된다. 다음 물음에 답하시오. (20점)

물음 2) 담보가치의 결정에서 고려해야 할 사항들에 대하여 설명하시오. (10점)

제20회 문제1

지상권이 설정된 토지가 시장에서 거래되고 있다. 이와 관련된 다음 물음에 답하시오. (40점)

물음 1) 위 토지의 담보평가 시 유의할 점과 감가 또는 증가요인을 설명하시오. (15점)

물음 2) 위 토지의 보상평가 시 검토되어야 할 주요 사항을 설명하시오. (10점)

제34회 문제3

담보평가와 관련한 다음 물음에 답하시오. (20점)

물음 1) 담보평가를 수행함에 있어 감정평가의 기능과 관련하여 감정평가의 공정성과 독립성이 필요한 이유를 설명하고, 감정평가의 공정성과 독립성을 확보할 수 있는 수단 3개를 제시하시오. (10점)

물음 2) 감정평가법인이 담보목적의 감정평가서를 심사함에 있어 심사하는 감정평가사의 역할에 대하여 설명하시오. (10점)

II. 경매평가

① 경매평가란 해당 집행법원(경매사건의 관할 법원을 말한다)이 경매의 대상이 되는 물건의 경매에서 최저매각가격(물건의 매각을 허가하는 최저가격)을 결정하기 위해 의뢰하는 감정평가를 말한다.
② 감정평가법인등이 경매평가를 수행할 때에는 감정평가관계법규에서 따로 정한 것을 제외하고는 [100 총칙]부터 [600 물건별 감정평가]까지의 규정을 적용한다.

1. 규정의 취지

「민사집행법」이 최저매각가격을 규정하고 있는 것은 부동산의 공정·타당한 가격을 유지하여 부당하게 염가로 매각되는 것을 방지함과 동시에 목적부동산의 적정한 가격을 표시하여 입찰신청을 하려는 사람에게 기준을 제시함으로써 경매가 공정하게 이루어지도록 하는 데 의의가 있다.

2. 경매평가의 의의

경매평가는 해당 집행법원이 경매의 대상이 되는 물건의 경매 최저매각가격을 결정하기 위해 의뢰하는 감정평가를 말한다. 통상 집행법원은 감정인으로 하여금 부동산을 평가하게 하고 그 평가액을 참작하여 최저매각가격을 결정한다.

3. 경매평가 시 감정평가방법 및 기준가치

경매평가는 법원 평가명령서에 따라 이루어지며 감정평가 관계 법령과 일반 평가 이론에 근거하여 객관적으로 감정평가한다. 경매평가에서 기준가치는 시장가치를 적용해야 한다. 경매가 통상 자유시장에서의 매매와 유사한 경쟁 입찰을 통해 이루어지기 때문이다. 경매는 다수의 잠재 수요자들이 입찰에 참여하여 가격을 결정하므로, 통제·강제의 특성이 일부 존재하더라도 실질적으로는 시장에서의 거래 환경과 유사하다. 따라서 공정하고 객관적인 평가를 위해서는 시장가치를 기준으로 삼는 것이 타당하다.

4. 최저경매가격

「민사집행법」 제97조 제1항은 법원이 감정인의 부동산 평가를 거쳐 그 평가액을 고려하여 최저경매가격을 결정하도록 규정한다. 최저경매가격은 경매 진행 시 목적물의 최소 매각 기준가로서 이보다 낮은 가격의 매수신청은 허용되지 않는다.

최저경매가격의 기능은 다음과 같다.

① 최저경매가격 제도는 부동산의 적정 가격을 보장하여 부당한 저가 매각을 차단하는 역할을 수행한다. 이를 통해 채무자와 채권자 모두의 이익을 보호한다.
② 목적부동산의 적정가격을 제시함으로써 매수희망자에게 입찰 기준을 제공하여 공정한 경매가 이루어지도록 한다. 또한 잉여가능성 판단과 과잉경매 여부를 사전에 확인할 수 있는 기준으로 활용된다.
③ 부동산 일괄경매에서 각 부동산별 대금액을 특정해야 하는 경우 총대금액을 각 부동산의 최저경매가격 비율에 따라 안분하는 기준으로 사용된다.

5. 유의사항

1) 법정지상권이 설정된 토지

법정지상권이란 토지와 건물이 동일인 소유였던 상태에서 토지 또는 건물이 경매·공매 등으로 소유자를 달리하게 된 경우, 건물소유자가 그 토지를 계속 사용할 수 있도록 법률상 당연히 성립하는 지상권을 말한다. 이는 토지와 건물의 소유자가 분리되는 시점에서 건물이 존재하는 경우에 성립하며, 건물의 존속을 보장하고 사회경제적 손실을 방지하는 기능을 수행한다.

> **판례**
>
> 법정지상권이 설정된 토지의 경락인은 지료는 받으나(수익권) 사용권이 제한되므로 이에 대한 고려가 필요하다. 대법원 판례에 따르면 임차권이 있는 인근토지의 거래사례를 조사하여 지상권과 임차권 등 용익권에 의한 사용가치의 제한으로 말미암아 토지가 그 제한이 없는 토지에 비하여 얼마정도로 감액되어 거래되고 있는가를 밝힌 후 평가대상 토지의 특수성을 고려하여 평가하여야 한다(대법원 1991.12.27. 91마608).

2) 공부상 지목과 현황이 다른 토지

① 공부 또는 평가명령상의 경매목적물의 표시와 현황이 상이한 경우 실제 현황에 따른 평가를 하여야 하며, 불법에 기인한 것이라면 불법을 시정하는데 소요되는 비용 등을 감안하여 평가한다.
② 경매제도는 기본적으로 매매의 성질을 가지므로, 공부상 지목과 현황이 다른 경우 공부상 지목에도 불구하고 현황에 따라 거래가 이루어진다면 현황대로 감정평가하여야 한다(현황평가주의).

3) 토지의 부합물

경매목적물에 부합물이나 종물이 있는 경우 그 부합물이나 종물도 경매로 인하여 소유권이 이전되게 되므로 감정평가의 대상에 포함되게 된다. 그 예로 정원수, 정원석, 석등 등이 있을 수 있으며, 수목 또한 부합물로 취급된다. 다만 '입목에 관한 법률에 따라 등기된 입목'과 '명인방법을 갖춘' 수목은 주물의 권리 이동과 별개의 것으로 취급한다.

4) 제시외 건물

경매평가의 법원명령서상에는 '제시외 건물이 있는 경우에는 반드시 그 가액을 평가하고, 제시외 건물이 경매대상에서 제외되어 그 대지가 소유권의 행사를 제한받는 경우에는 그 가액도 평가'하도록 정한다. 제시외 건물은 구조·면적·이용상황 등을 기재하고 그로 인한 대상물건의 평가액 및 환가성에 미치는 영향을 기재한다. 미등기건물의 경우도 채무자 소유임이 확인된다면, 건축물대장 등 채무자의 명의로 등기할 수 있는 서류를 첨부하여 집행법원에 의해 등기촉탁할 수 있으며, 이를 거쳐 강제경매가 가능하다.

5) 다세대주택의 실질을 갖춘 다가구용 단독주택의 공유지분의 평가

구조상·이용상 독립성을 갖추고 실질적으로 여러 세대가 독립된 주거생활을 영위하는 다세대 공동주택에 해당하나, 구분건물등기가 경료되지 못한 다가구용 단독주택의 공유지분등기는 일반등기와 달리 특정부분에 대한 구분소유권을 표창한다고 볼 수 있다.

따라서 그 공유지분에 대한 감정평가는 「민사집행법」 제139조 제2항에 따라 건물 전체가격 중 공유지분의 비율에 따른 가격이 아니라 전체건물 중 해당 구분건물이 점유하고 있는 위치를 반영한 가격이어야 하므로, 해당 특정부분을 다른 부분의 거래가격을 참작하여 구분건물과 같이 토지·건물을 일체로 한 비준가액으로 감정평가하여야 한다.

6) 구분건물의 제시외 건물로서 감정평가에 포함되어야 할 주요내용

경매대상이 구분건물인 경우에도 현장조사 시 제시외 건물로 판단하여 감정평가에 포함되어야 할 주요 물건들이 있다.

예 최상층소재 다락방, 지하층에 배분한 전용면적, 구조변경에 따른 확장 부분 등

기출문제

제26회 문제1

A법인은 토지 200m^2 및 위 지상에 건축된 연면적 100m^2 1층 업무용 건물(집합건물이 아님)을 소유하고 있다. 건물은 101호 및 102호로 구획되어 있으며, 101호는 A법인이 사무실로 사용하고 있고 102호는 B에게 임대하고 있다. 다음 물음에 답하시오. (40점)

물음 3) A법인은 토지에 저당권을 설정한 이후 건물을 신축하였으나 건물에 대해서는 저당권을 설정하지 않았다. A법인이 이자지급을 연체하자 저당권자가 본건 토지의 임의경매를 신청하였다. 이 경우 토지의 감정평가 방법에 관해 설명하시오. (5점)

Ⅲ. 도시정비평가

1. 도시정비사업의 종류

(1) 재개발사업, 도시환경정비사업, 재건축사업
① 주택재개발사업: 정비기반시설이 열악하고 노후·불량건축물이 밀집한 지역에서 주거환경을 개선하기 위해 시행하는 사업
② 도시환경정비사업: 상업지역·공업지역 등으로써 토지의 효율적 이용과 도심 또는 부도심 등 도시기능의 회복이나 상권활성화 등이 필요한 지역에서 도시환경을 개선하기 위하여 시행하는 사업
③ 재건축사업: 정비기반시설은 양호하나 노후·불량건축물이 밀집한 지역의 주거환경을 개선하기 위한 사업

(2) 종전자산평가, 종후자산평가
① 종전자산평가: 분양대상자별 종전의 토지 또는 건축물을 사업시행인가 고시일을 기준으로 한 감정평가
② 종후자산평가: 분양대상자별 분양예정인 대지 또는 건축물의 추산액 산정을 위한 감정평가

(3) 국·공유재산의 처분
① 정비구역 안의 국·공유재산은 사업시행자 또는 점유자 및 사용자에게 수의계약으로 매각 또는 임대할 수 있으며, 이 경우 국·공유재산은 사업시행인가고시가 있는 날부터 종전 용도가 폐지된 것으로 본다.
② 우선 매각하는 국·공유재산은 사업시행인가의 고시가 있는 날을 기준으로 감정평가하며, 주거환경개선사업의 경우 매각가격은 이 평가금액의 100분의 80으로 한다.
③ 다만, 사업시행인가고시가 있는 날부터 3년 이내에 매매계약을 체결하지 아니한 국·공유재산은 「국유재산법」, 「공유재산 및 물품 관리법」에서 정하는 바에 따른다.

(4) 토지등의 수용 등
사업시행자는 정비구역 안에서 정비사업을 시행하기 위해 필요한 경우 「토지보상법」에 따른 토지·건물 또는 그 밖의 권리를 취득하거나 사용할 수 있다.

2. 도시정비사업의 절차

정비사업과 관련한 도시정비평가는 정비사업의 유형 및 평가단계에 따라 각 감정평가 기준과 방법이 상이하다.

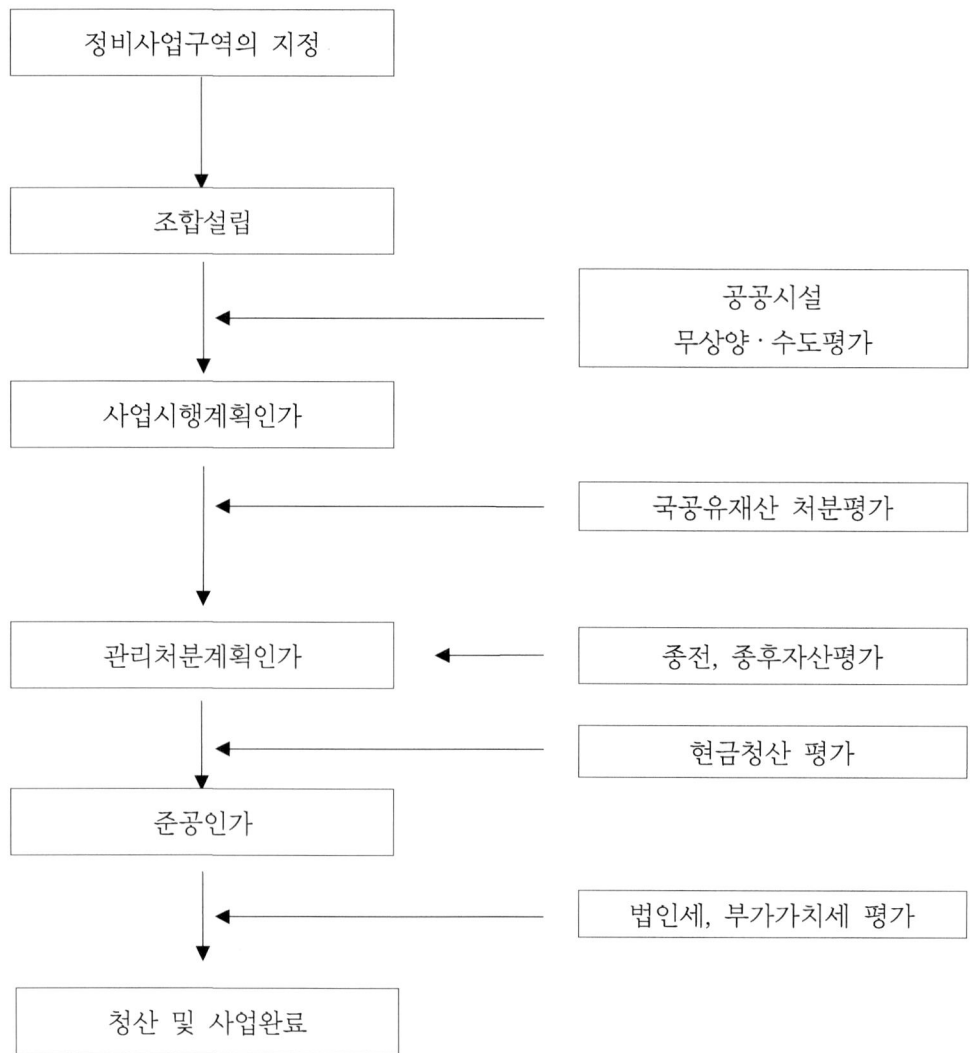

3. 도시정비사업 감정평가별 기준 및 특징

1) 종전자산의 감정평가

(1) 적용 및 정의

① 종전자산의 감정평가는 사업시행인가고시가 있는 날의 현황을 기준으로 감정평가하되, 다음 각호의 사항을 준수하여야 한다.
1. 종전자산의 감정평가는 조합원별 조합출자 자산의 상대적 가치비율 산정의 기준이 되므로 대상물건의 유형·위치·규모 등에 따라 감정평가액의 균형이 유지되도록 하여야 한다.
2. 해당 정비구역의 지정에 따른 공법상 제한을 받지 아니한 상태를 기준으로 감정평가한다.
3. 해당 정비사업의 시행을 직접 목적으로 하여 용도지역이나 용도지구 등의 토지이용계획이 변경된 경우에는 변경되기 전의 용도지역이나 용도지구 등을 기준으로 감정평가한다.

② 비교표준지는 해당 정비구역 안에 있는 표준지 중에서 [610-1.5.2.1]의 비교표준지 선정기준에 적합한 표준지를 선정하는 것을 원칙으로 한다. 다만, 해당 정비구역 안에 적절한 표준지가 없거나 해당 정비구역 안 표준지를 선정하는 것이 적절하지 아니한 경우에는 해당 정비구역 밖의 표준지를 선정할 수 있다.

③ 적용 공시지가의 선택은 해당 정비구역의 사업시행인가고시일 이전 시점을 공시기준일로 하는 공시지가로서 사업시행인가고시일에 가장 가까운 시점에 공시된 공시지가를 기준으로 한다.

(2) 주요 내용

가. 상대적 가격균형을 고려한 감정평가

① 종전자산평가의 주된 목적
관리처분계획을 수립하기 위하여 조합원들 사이에 분배의 기준이 되는 권리가액 산정에 목적이 있다(「토지보상법」상의 보상평가는 공익사업 시행 시 정당한 보상액을 산정하기 위함).

② 종전자산 감정평가액은 관리처분 시 조합원이 납부해야 하는 분담금 산정의 기준이 되므로, 절대적 가격보다 상대적 가격 즉, 조합원 간의 형평성과 적정한 가격균형 유지가 중요하다.

나. 개발이익 반영 여부

① 정비사업의 개발이익은 사업시행자인 토지소유자 또는 조합이 향유하여야 한다는 점에서 「헌법」이 정당보상을 목적으로 하는 보상평가와 달리, 상대적 가치 비율의 합리적 산정을 목적으로 하는 종전자산 감정평가에서는 개발이익을 반영하여 평가할 수 있다.

② 문제상황) 대지지분이 소규모인 집합건물의 분양권 프리미엄
1필지의 토지에 부여되는 수분양권이 증가함에 따라 이에 따른 예상 기대이익(분양권 프리미엄)을 목적으로 하는 거래가 증가한다. 이러한 '분양권 프리미엄'은 ㉠ 향후 사업의 진행에 따라 구체화되는 개발이익을 거래시점에 선취하려는 투기적 거래, ㉡ 해당 정비사업의 시행으로 인해 가격균형이 왜곡되는 전형적인 사례라는 점에서 감정평가액에 반영할 수 없다.
따라서 이 경우 인근의 정비구역이 아닌 지역의 비교가능성(예 대지지분의 규모, 건물의 사용승인 연도, 건물의 최고층, 자체 주차장 구비여부 등)이 있는 집합건물의 정상적인 거래사례를 기준으로 감정평가하여야 하며, 해당 정비구역 내 집합건물부지가 아닌 일반 토지가격과의 균형 등을 종합적으로 고려해야 한다.

다. 해당 사업으로 인한 공법상 제한 배제 평가

① 정비구역의 지정은 그 공법상 제한이 해당 공익사업의 시행을 직접 목적으로 하여 가하여진 개별적 제한사항에 해당하므로, 제한을 받지 않은 상태를 기준으로 평가한다.

② "해당 정비구역 지정에 따른 공법상 제한"이란 해당 정비계획 결정·고시로 인한 도시계획시설의 저촉, 정비구역지정으로 인한 행위제한 등을 말하며, 종전자산 감정평가 시 이러한 저촉 등을 고려하지 않는다는 의미로 이해하되, 보상평가의 개별적 계획제한으로 보아 정비구역이 지정되지 아니한 상태를 기준으로 가격(수준)을 감정평가한다는 의미는 아니다.

라. 비교표준지 선정기준
① 종전자산의 감정평가의 주 목적은 조합원별 조합출자 자산의 상대적 가치비율을 산정하는 데 있다 (균형성, 형평성 고려).
② 해당 정비사업으로 인한 영향이 배제된 상태에서의 가격균형이 유지되는 한, 해당 정비사업으로 인한 일반적이고 현실화·구체화된 개발이익은 이를 포함하여 평가할 수 있으므로, 해당 정비구역 내 표준지 선정이 원칙이다.

2) 종후자산의 감정평가

(1) 적용 및 정의

① 종후자산의 감정평가는 분양신청기간 만료일이나 의뢰인이 제시하는 날을 기준으로 하며, 대상물건의 유형·위치·규모 등에 따라 감정평가액의 균형이 유지되도록 하여야 한다.
② 종후자산을 감정평가 할 때에는 인근지역이나 동일수급권 안의 유사지역에 있는 유사물건의 분양사례·거래사례·평가선례 및 수요성, 총 사업비 등 원가를 고려한다.

(2) 주요 내용

가. 종후자산 감정평가의 기준시점
① '분양신청기간 만료일'의 의미는 분양설계에 관한 계획수립의 기준일로서 규정한다.
② 종전자산 감정평가 시 분양신청기간 만료일까지 정비사업비 추산액 확정이 어려운 사업이 대부분이므로 현실적으로 기준시점으로서 '분양신청기간 만료일'이 되는 경우는 드물다. 따라서 사업시행자에게 기준시점을 제시 받아서 감정평가 진행한다.

나. 종후자산 감정평가방법
① 종후자산 감정평가 시 유의점
분양예정인 대지 또는 건축물에 대한 종후자산의 감정평가액은 종전자산 감정평가액과 함께 관리처분을 위한 기준가격이 되므로 상대적인 가격균형의 유지가 중요하다. 특히, 분양예정 공동주택의 경우 규모별·층별·향·위치별 효용차이를 적정하게 산정함이 중요하다.
② 분양구분과 종후자산평가 대상
종후자산은 조합원분양분과 일반분양분으로 구분되며, 일반분양분은 추후 분양가상한제라는 별도의 분양가격 결정절차가 예정되어 있는 바, 종후자산 감정평가는 분양예정자산 전체(일반분양분 포함)를 조합원분양분으로 보아 감정평가한다.
③ 평가기준 및 방법 등
종후자산 감정평가는 기준시점 당시 현재 착공 전 상태이므로, 대상부동산(예 공동주택, 근린생활시설 등)이 적법하게 완공된 상태를 전제로 감정평가하는 조건부 평가이다. 종후자산을 감정평가 시 동일수급권 내 유사물건의 분양사례·거래사례·평가선례 및 수요성 등과 해당 사업에 드는 총 사업비 등 원가를 고려한다.

3) 국·공유재산의 처분을 위한 감정평가

(1) 적용 및 정의

> 국·공유재산의 처분을 위한 감정평가는 사업시행인가고시가 있는 날의 현황을 기준으로 감정평가하되, 다음 각 호의 어느 하나에 해당하는 경우에는 그에 따를 수 있다.
> 1. 재개발사업등의 사업구역 안에 있는 국·공유지를 사업시행자에게 매각하는 경우로서 도로 등의 지목을 "대"로 변경하여 감정평가를 의뢰한 경우에는 "대"를 기준으로 그 국·공유지의 위치·형상·환경 등의 객관적 가치형성에 영향을 미치는 개별적인 요인을 고려한 가액으로 감정평가한다.
> 2. 재건축사업구역 안에 있는 국·공유지는 공부상 지목에도 불구하고 "대"를 기준으로 그 국·공유지의 위치·형상·환경 등 토지의 객관적 가치형성에 영향을 미치는 개별적인 요인 등을 고려한 가액으로 감정평가한다.
> 3. 「도시 및 주거환경정비법」제98조 제6항 단서에 따라 사업시행인가고시가 있은 날부터 3년이 지난 후에 매매계약을 체결하기 위한 국·공유재산의 감정평가는 「국유재산법」및 「공유재산 및 물품 관리법」에 따라 가격조사 완료일의 현황을 기준으로 감정평가한다.

4) 매도청구에 따른 감정평가

(1) 적용 및 정의

> 재건축사업구역 안의 토지등에 대한 매도청구에 따른 감정평가는 법원에서 제시하는 날을 기준으로 한다. 다만, 기준시점에 현실화·구체화되지 아니한 개발이익이나 조합원의 비용부담을 전제로 한 개발이익은 배제하여 감정평가한다.

(2) 주요 내용

가. 매도청구 감정평가의 기준시점
① 매도청구 소송감정의 기준시점은 '매매계약 체결 의제일'인바 법원의 감정평가명령서에 제시된 일자를 기준한다.
② 매도청구권은 형성권으로서 매도청구의 의사표시가 상대방에게 도달한 시점이 매매계약 체결시점을 의미한다.

나. 감정평가 목적물의 확정과 관련된 문제
① 공부의 표시와 현황이 불일치하는 경우
감정평가서에 공부와 현황의 불일치 사항을 기재하고 현황을 기준으로 감정평가한다는 취지를 기재한다.
② 영업손실보상금 등의 포함 여부
재건축 사업은 「토지보상법」을 준용·적용할 수 있는 공익사업에 해당하지 않는다는 점에서 재건축 사업의 매도청구소송의 '시가'에 영업손실보상금 등이 포함된다고 볼 수 없다. 이는 입법정책 문제이다.

다. 시가의 의미와 감정평가방법
① 시가에 대한 판례의 입장
매도청구소송에서의 '시가'는 해당 재건축사업으로 인해 발생할 것으로 예상되는 개발이익이 포함해야 한다는 태도이다.

② 매도청구소송 '시가' 감정평가시 유의할 점
  ㉠ 판례해석: '재건축사업으로 인해 발생할 것으로 예상되는 개발이익이 포함된 시가'는 재건축결의 및 조합설립인가에 따라 시장에서 형성·반영되고 있는 개발이익을 반영하라는 의미이지, 재건축사업의 주체로서 조합원이 부담하는 리스크나 향후 현실화·구체화되지 아니한 개발이익까지 개발이익으로 포함하여 기준시점 당시에 반영하라는 의미는 아니다.
  ㉡ 재건축으로 인한 장래의 이익(미실현이익)까지 매도청구소송의 피고에게 귀속시키고 매도청구권자(매수자)에게는 그 이익을 향유하지 못하게 하는 것은 부당한 결과를 초래할 수 있을 뿐만 아니라, 매도청구소송에 의한 매매계약은 당사자가 자율적으로 체결한 매매가 아닌 사법절차에 의한 매매라는 점에서 그 이익을 어느 일방에게 귀속시켜서는 안 된다는 취지이다.

라. 현금청산대상자에 대한 매도청구소송 감정평가

① '시가'의 평가는 거래사례비교법을 중심으로 하되, 사업시행인가 전에 진행되는 매도청구소송에 비해 상대적으로 해당 사업의 수익·비용에 대한 자료가 보다 풍부할 수 있으므로 이러한 점을 반영해야 한다.
② 다만, 이 경우에도 통상적인 관리처분계획상의 사업수지 등은 사업리스크 및 이에 따른 현재가치를 충분히 고려하지 않으므로 이에 대한 적절한 고려가 필요하다.

5) 토지등의 수용등에 따른 감정평가

(1) 적용 및 정의

> 도시정비사업구역 안 토지등의 수용등에 따른 감정평가는 「공익사업을 위한 토지등의 취득 및 보상에 관한 법률」 및 [800 보상평가]에 따라 감정평가한다.

(2) 규정의 취지

① 정비사업의 시행을 위해 사업시행자는 사업에 참여하지 않는 정비구역 내 토지등 소유자 소유의 토지 및 건축물의 권원확보가 필수적인 바, 재개발·도시환경정비사업의 경우에는 현금청산 및 수용의 방법을 통해, 재건축·가로주택정비사업의 경우에는 매도청구 및 현금청산의 방법을 통해 이를 확보한다.
② 정비사업 중 주택재개발사업과 도시환경정비사업의 사업시행자는 정비구역 안에서 그 사업을 위하여 필요한 토지·건축물 기타의 권리를 수용할 수 있으며, 수용 또는 사용에 관하여는 「도시 및 주거환경정비법(도정법)」에 특별한 규정이 있는 경우를 제외하고는 「공익사업을 위한 토지등의 취득 및 보상에 관한 법률(토지보상법)」이 준용되며, 사업시행인가를 토지보상법에 의한 사업인정으로 본다. 이 경우 재결신청은 토지보상법의 규정에 불구하고 사업시행기간 내에 행하여야 한다. 따라서 이러한 경우 보상감정평가(수용재결평가·이의재결평가)가 필요하게 되며 토지보상법의 규정에 따라 평가한다.

(3) 주요 내용

가. 재개발사업등의 감정평가기준

토지등의 수용 또는 사용할 수 있는 정비사업구역 안의 토지 등에 대한 현금청산 감정평가 및 수용에 따른 감정평가는 토지보상법의 규정을 준용·적용하여 평가한다. 해당 정비사업으로 인한 개발이익을 배제하여 감정평가하여야 하며, 이 경우 현금청산자·수용대상자의 종전자산평가액, 비례율, 분담금, 조합원 입주권의 프리미엄 부동산 경기상황 등을 종합적으로 참작한다.

나. 재건축사업의 감정평가기준

재건축사업구역 안 토지 등에 대한 현금청산 평가금액은 기준시점 당시의 적정 개발이익을 고려하여 평가한다. 다만, 현실화·구체화되지 않은 개발이익이나 조합원의 부담을 전제로 한 개발이익은 배제하고 감정평가한다.

4. 관련 논점

1) 개발이익 환수의 필요성

(1) 개발이익의 의의

개발이익이란 개발사업의 시행, 토지이용계획의 변경, 그 밖에 사회적, 경제적 요인에 따라 정상지가 상승분을 초과하여 개발사업을 시행하는 자나 토지 소유자에게 귀속되는 토지 가액의 증가분을 말한다(「개발이익 환수에 관한 법률」 제2조).

(2) 환수의 필요성

① 불로소득으로 환수 필요성

대법원은 토지소유자의 노력에 의하지 않은 토지의 가치 증가로 불로소득이며 토지소유자가 사유화할 성질의 것은 아니라고 판시하였다. 불로소득을 사회에 환원하여 공공이익에 합치할 수 있도록 활용할 필요가 있다.

② 부동산 특성으로 인한 환수 필요성

부동산은 사회성과 공공성이 매우 높은 재화로 자원의 최적 배분을 이루고 사회적 후생을 증진하기 위해 개발이익 환수라는 정부의 적극 개입이 필요하다.

③ 사회적 형평성과 토지 이용 효율성 개선의 필요성

불로소득을 사회에 환원함으로써 사회적, 분배적 정의 실현, 개발이익에 대한 기대심리를 제거함으로써 투기수요를 억제하여야 한다. 이는 지가 안정 및 토지 자원의 효율적 이용을 촉진시킨다.

(3) 개발이익의 성격

① 사회적 환수가 정당화 되는 개발이익

개발업자의 개발 위험을 극복하기 위한 노력과는 무관한 개발 특혜를 향유함으로써 얻게 되는 개발이익으로, 사회적 환수가 정당하게 된다.

② 사회적 환수가 정당화 될 수 없는 개발이익

불특정 다수에게 무작위적인 개발이익으로 귀속되는 등 일반적으로 누구나 향유할 수 있으며 경제활동의 결과로 발생하는 개발이익이 해당한다. 사회통념상 개발업자가 일반적이고 정상적인 개발활동으로 개발위험을 스스로 극복하여 얻는 개발이익은 노력의 대가이므로 사회적 환수가 정당하지 않다.

2) 재건축 초과이익 환수제도

(1) 개념

재건축초과이익이란 「도시 및 주거환경정비법」에 따른 재건축사업으로 정상주택가격상승분을 초과하여 조합에게 귀속되는 주택가액의 증가분을 의미한다. 도시정비사업은 정비기반시설과 주거환경의 본질적 개선은 물론 부동산시장의 수요와 공급에 미치는 영향이 큰 사업으로 초과이익이 특정 개인에게 귀속되는 것은 타당하지 않다는 취지에서 마련된 제도이다.

(2) 목적

초과이익을 환수함으로써 주택가격의 안정과 사회적 형평을 도모하여 국민 경제의 건전한 발전과 사회통합에 이바지할 수 있다.

(3) 내용

재건축부담금의 부과기준

① 종료시점 부과대상 주택의 가액 - (개시시점 부과대상 주택 가격의 총액, 부과기간 부과대상 주택의 정상주택가격상승분 총액, 개발비용)
② 개시시점 및 종료시점 주택가액은 공시된 주택가격 결정한다.
③ 정상주택가격상승분은 개시시점 주택가액 × 정기예금이자율, 혹은 평균주택가격상승률 중 높은 비율 곱하여 산정한다.

(4) 감정평가사의 역할

가. 개시시점 및 종료시점 주택가액 조사, 평가의 역할 기대

감정평가액이 아닌 공시가액이나 실거래가 등에 의해 조사 산정된 가액이다. 따라서 전문가에 의한 주택가액 감정평가를 통해 개발이익 산정에 있어 객관성과 공정성을 높일 수 있다.

나. 부동산의 사회성, 공공성 실현

부동산은 국토공간으로서 토지는 국민 생활의 터전이며 국가 구성의 필수적 요소에 해당한다. 또한 국토의 대부분을 차지하며 각종 부동산활동은 경제적 비중이 매우 크고, 용도적, 환경적 측면에서도 역시 중요성이 인정된다.

따라서 감정평가사는 초과이익을 환수하여 부동산이 갖는 사회성과 공공성을 실현하는 데 기여할 수 있다.

다. 이해관계 조절

재건축부담금 환수는 공공의 복리와 개인의 권리간의 첨예한 의견이 대립된다. 재건축으로 인한 이익을 토지소유자의 노력에 의하지 않은 가치 증가분으로 보는 견해와 사유재산권으로 보는 견해 간의 균형점을 제시하여 이해관계를 조절하는 역할을 기대할 수 있다.

3) 분양가상한제(택지비 감정평가)

(1) 개념
자산시장에서 부동산가격을 통제하는 대표적인 가격규제 제도로 공동주택분양가의 상한을 정한 제도이다. 분양가책정방법을 택지비와 건축비에 업체들의 적정이윤을 더하도록 법률로 규정하고 있다.

(2) 효과

① 긍정적 효과
신규공급 아파트 가격을 조절함으로써 부동산 시장 내 가격조절 기능을 수행한다. 또한 저소득층의 내집마련 기회를 확대함으로써 부동산의 사회성 및 공공성을 실현할 수 있다.

② 부정적 효과
공급업자의 이윤감소로 신규공급이 감소하고 장기적으로 부동산 가격상승을 야기한다. 또한 주택건설업자의 초과이윤을 축소시키고 생산비용을 최소화하게 되므로 품질저하가 야기될 수 있다.

(3) 택지비 감정평가[3]

① 의의
「주택법」, 「공동주택 분양가격의 산정 등에 관한 규칙」 등에 의거 택지가격의 평가로 택지조성이 완료된 상태를 조건으로 하여 공시자가기준법으로 감정평가하되 조성원가법에 의해 합리성을 검토한다.

② 평가기준
㉠ 의뢰인: 사업시행자 → 시장·군수·구청장 → 감정평가법인
㉡ 기준시점: 택지가격의 감정평가를 신청한 날
㉢ 감정평가조건: 현황 소지, 조건 택지 조성 완료
   법률상 적법, 사회통념상 합리성, 사회적·경제적·행정적 실현가능성
㉣ 기준가치
   ⓐ 시장가치로 보는 견해: 택지비 감정평가는 분양가 산정을 위해 시장자료를 기초로 시장참여자가 납득가능한 적정가액을 추계하는 것인바 시장가치로 보는 견해가 있다.
   ⓑ 시장가치 외의 가치로 보는 견해: 시장가치 외의 가치란 시장가치의 요건을 하나 이상 충족하지 못한 가치로 볼 수 있다. 택지비 감정평가의 대상은 공공주택의 부지로서 광평수이며 유효택지 거래가 제한적으로 통상적인 시장에서 거래되기 어렵다. 즉 시장의 통상성을 충족하지 못한 바 시장가치 외의 가치로 보는 견해가 있다.
㉤ 기준시점: 「공동주택 분양가격의 산정 등에 관한 규칙」 제10조 제3항에 따라 사업주체가 택지가격의 감정평가를 신청한 날을 기준으로 평가한다.

③ 평가방법
㉠ 주방식: 공시지가기준법
㉡ 부방식: 원가법 (합리성검토) - 토지의 조성에 필요한 비용 추정액 분석
㉢ 기준시점의 소지가액(소지 + 기간이자) + 토지조성비 + 적정이윤

④ 택지비 감정평가의 필요성
조건부 평가의 구체적 기준을 적용하고 감정평가 조건을 활용하여 현실 수요에 대응 및 불확실한 상황에 대한 내용을 감정평가서 사용자에게 알려 의사결정에 대응하는 데 필요하다.

---
[3] 한국부동산원, 택지비평가서 검토업무매뉴얼, 2023. 7.

★ 기출문제

제16회 문제1
공동주택 재건축사업의 시행 시 미동의자에 대한 매도청구 및 시가(時價)의 개념에 대해 약술하시오. (10점)

제22회 문제3
정비사업은 도시환경을 개선하고 주거생활의 질을 높이는 것이 목적인데 그 중 주택재개발사업은 정비기반시설이 열악하고 노후·불량건축물이 밀집한 지역의 주거환경을 개선하기 위한 사업이다. 이에 관한 감정평가사의 역할이 중요한 바, 다음 물음에 답하시오. (20점)

물음 1) 주택재개발사업의 추진 단계별 목적에 따른 감정평가업무를 분류하고 설명하시오. (10점)

물음 2) 종전자산(종전 토지 또는 건축물)과 종후자산(분양예정인 대지 또는 건축물의 추산액)과의 관계를 설명하시오. (10점)

제23회 문제3
재건축정비사업에 있어서 매도청구소송목적의 감정평가 (10점)

제28회 문제3
정비사업의 관리처분계획을 수립하기 위한 종후자산 감정평가에 대한 다음 물음에 답하시오. (20점)

물음 1) 종후자산 감정평가의 기준가치에 관하여 설명하시오. (10점)

물음 2) 종후자산 감정평가의 성격을 감정평가방식과 관련하여 설명하시오. (10점)

제31회 문제3

A토지는 ○○ 재개발사업구역에 소재하고 있다. A토지에 대하여 재개발사업의 절차상 종전자산의 감정평가를 하는 경우와 손실보상(현금청산)을 위한 감정평가를 하는 경우에 다음의 물음에 답하시오.

물음 1) 각각의 감정평가에 있어 기준시점, 감정평가의 성격, 감정평가의 결정 시 고려할 점에 관하여 설명하시오. (10점)

물음 2) 각각의 감정평가에 있어 재개발사업으로 인한 개발이익 반영여부에 관하여 설명하시오. (10점)

Ⅳ. 재무보고평가

1. 적용 및 정의

① 「주식회사 등의 외부감사에 관한 법률」(이하 외감법) 제13조 제3항의 회계처리기준에 따른 재무보고를 목적으로 하는 공정가치의 추정을 위한 감정평가(이하 재무보고평가)를 수행할 때에는 감정평가관계법규 및 한국채택국제회계기준(K-IFRS)에서 따로 정한 것을 제외하고는 이 절에서 정하는 바에 따르고, 이 절에서 정하지 않은 사항은 [100 총칙]부터 [600 물건별 감정평가]까지의 규정을 준용한다.
② 이 절은 국가·지방자치단체·공공기관의 자산과 시설에 대한 재평가 및 회계업무 등과 관련된 감정평가를 할 때에 준용한다.

1) 규정의 취지

재무보고목적의 평가는 국제회계기준의 도입과 관련한 기업자산의 공정가치 평가 외에 자산재평가법에 의한 기업의 자산재평가, 국가지자체 등의 자산과 시설에 대한 재평가 및 회계업무를 위한 감정평가 시 따라야 할 통일된 원칙과 기준을 제공하는 데 의의가 있다.

2) 주요 내용

(1) 한국채택국제회계기준의 제정목적

우리나라만의 독자적인 회계기준 유지에 따른 신뢰도 하락을 극복하고 국제적 회계기준의 정합성 확보를 위해 2011년부터 모든 상장기업에 의무적으로 적용한다.
국제회계기준의 특징 중 하나는 기업의 재무제표에 계상된 모든 분류의 자산 및 부채에 대하여 역사적 취득원가가 아닌 공정가치를 기준으로 금액을 측정할 수 있다는 데 있다.

(2) 업무의 범위

기업의 재무보고 등을 위한 자산 및 부채의 공정가치 평가업무, 자산의 분류와 계상, 감가상각 목적을 위한 자산가액의 안분, 외부공시를 위한 내용연수 및 잔존가치의 추정, 재평가 주기의 검토 등의 업무를 수행한다.

(3) 적용의 범위

① 재무보고평가는 영리기업의 국제회계기준(IFRS)에 의거한 재무제표 작성을 목적으로 의뢰함이 일반적이나, 정부 또는 준정부기관도 재무제표 작성, 민영화, 채권 발행, 대출 실행, 경제성 분석, 성과평가 등을 위하여 업무를 의뢰할 수 있으며, 이 경우에도 본 기준을 적용한다.
② 우리나라 정부기관의 경우 국제비영리회계기준(IPSAS)이 아닌 「국가회계기준에 관한 규칙」에 의거 재무제표를 작성하고, 재평가 관련사항을 정하고 있다.

2. 재무보고평가의 대상 및 확인사항

① 재무보고평가의 대상은 회사·국가·지방자치단체·공공기관(이하 "회사")의 재무제표에 계상되는 유형자산·무형자산·유가증권 등의 자산 및 관련 부채와 재평가를 위한 시설 등의 자산으로서 의뢰인이 감정평가를 요청한 물건으로 한다.
② 재무보고평가를 할 때에는 다음 각호의 사항을 의뢰인과 협의하여 명확히 확인하여야 한다.
1. 의뢰인의 재무제표상의 자산분류 기준과 감정평가서에 표시될 감정평가 목록 분류의 기준의 일치여부
2. 대상 자산에 대한 담보설정 등 소유권에 대한 제한사항의 내용

(1) 재무보고평가의 의뢰인과 대상물건

① 의뢰인은 주로 외감법에 따라 재무제표의 공시가 의무화된 회사, 경우에 따라 그에 준하는 의무를 받는 국가·지방자치단체·공공기관이다.
② 평가대상에는 유형자산뿐만 아니라 무형자산, 유가증권, 영업권, 사업의 지분 등 재무제표상의 광범위한 자산 및 계정들이 있다.

(2) 자산의 분류와 계상

① 기업은 자신이 보유한 자산 중 일부 자산만을 분류하여 평가 대상으로 의뢰할 수 있다. 그러나 재평가 대상으로서의 자산 분류는 회계기준에서 정하고 있는 자산의 성격 및 유동성, 기업 내에서의 자산 기능, 부채의 금액, 성격 및 시기 등을 기준으로 합리적으로 분류해야 한다.
② 분류기준에 지리적 위치나 가치 증감 여부는 포함할 수 없으며, 영업용 토지에 대해서 재평가를 결정했다면 해외에 소재하는 영업용 토지도 대상에 포함시켜야 하며 같은 맥락에서 가격이 상승한 자산만을 재평가 대상으로 삼을 수는 없다.
③ 감정평가법인등이 평가한 자산의 단위와 기업이 재무제표에 계상한 자산의 단위는 상이할 수 있으며, 기업의 감가상각 등 여러 목적으로 감정평가법인등이 제시한 평가금액을 다양한 자산에 안분해야 하는 경우가 발생한다.

④ 일반적으로 재무보고평가는 대상자산이 소유 및 용익 제한이 없는 것을 전제로 평가하므로, 실제 기업 보유 부동산의 소유 및 용익에 제한이 있는 경우의 평가기준에 대해 설명한다.
　예 담보권설정, 가압류 설정, 다툼 중이거나 계류 중인 소송이 있는 물건이라도 이에 구애받음 없이 평가

3. 기준가치

① 재무보고평가는 공정가치를 기준으로 감정평가한다.
② 제1항의 공정가치는 한국채택국제회계기준에 따라 자산 및 부채의 가치를 추정하기 위한 기본적 가치기준으로서 합리적인 판단력과 거래의사가 있는 독립된 당사자 사이의 거래에서 자산이 교환되거나 부채가 결제될 수 있는 금액을 말한다.

★ 기출문제

제27회 문제2

감정평가사 甲은 乙주식회사가 소유한 △△동 1번지 소재 업무용빌딩과 △△동 1-1번지 나지상태의 토지에 대하여 재무보고목적의 감정평가를 진행하려 한다. 다음 물음에 답하시오.

물음 1) 본건 감정평가의 기준가치는 무엇인지 그 개념에 관해 설명하고, 시장가치 기준원칙과의 관계에 관해 설명하시오. (10점)

물음 2) 甲은 △△동 1번지 소재 업무용빌딩에 대하여 할인현금흐름분석법(discounted cash flow method)을 적용하려 한다. 이 때 적용할 할인율(discount rate)과 최종환원율(terminal capitalization rate)을 설명하고, 업무용 부동산시장의 경기변동과 관련하여 양자의 관계를 설명하시오. (15점)

물음 3) △△동 1-1번지 토지에 대하여 공시지가기준법을 적용하여 시점수정, 지역요인 및 개별요인 비교 과정을 거쳐 산정된 가액이 기준가치에 도달하지 못하였다고 가정할 경우 공시지가기준법에 따라 甲이 실무적으로 보정할 수 있는 방법에 관해 설명하시오. (5점)

> **제29회 문제3**
> 최근 토지의 공정가치 평가가 회계에 관한 감정에 해당하는지의 여부에 대한 논란이 있었다. 이와 관련하여 다음 물음에 답하시오. (20점)
>
> 물음1) 감정평가의 개념과 회계에 관한 감정의 개념 차이를 설명하시오. (5점)
>
> 물음2) 공정가치(fair value), 시장가치(market value) 및 회계상 가치(book value)를 비교·설명하시오. (15점)
>
> **제35회 문제1**
> 원가법에 대한 다음 물음에 답하시오. (40점)
>
> 물음 2) 평가목적의 감가수정과 회계목적의 감가상각을 비교하여 설명하시오. (10점)

V. 조세법상 과세 기준 평가

1. 개관

1) 평가 제도의 목적과 필요성

조세법상 부동산 평가는 과세의 공평성과 적정성을 확보하기 위한 핵심 요소이다. 상속세, 증여세, 양도소득세는 모두 부동산의 가액을 과세표준으로 하기 때문에 정확한 가액 산정이 세액 결정에 직접적인 영향을 미친다. 따라서 각 세법은 부동산 평가에 관한 구체적인 기준과 절차를 규정하여 납세자 간의 과세 형평성을 도모하고 있다.

2) 평가 원칙과 기본 체계

조세법상 부동산 평가는 시가주의 원칙에 기반한다. 시가주의란 거래 당시의 객관적 교환가치를 과세표준으로 하는 원칙으로, 납세자가 실제로 부담하는 경제적 가치와 과세가액을 일치시키려는 취지이다. 다만 시가를 산정하기 어려운 경우에는 보충적 평가방법을 통해 시가에 준하는 가액을 산정한다.

3) 세법별 평가 체계의 특징

「상속세 및 증여세법」은 상속재산과 증여재산의 가액 산정에 관한 상세한 규정을 두고 있으며, 양도소득세법은 양도가액과 취득가액의 산정 기준을 제시한다. 각 세법은 공통적으로 시가를 우선 적용하되, 시가 산정이 곤란한 경우 보충적 평가방법을 단계적으로 적용하는 구조를 갖는다.

4) 감정평가와의 관계

조세법상 부동산 평가에서 감정평가는 중요한 역할을 담당한다. 감정평가액은 시가 인정 기준 중 하나로 활용되며, 보충적 평가방법 적용 또한 공시지가에 기반을 두고 있으므로 기준가액 산정의 근거가 된다. 또한 납세자가 과세관청의 평가에 이의를 제기할 때 감정평가는 객관적 입증자료로 기능한다. 이러한 조세법상 평가 제도는 부동산 시장의 투명성 제고와 과세 정의 실현을 위해 지속적으로 발전하고 있으며, 감정평가 실무에서도 국세청 감정평가사업의 확대 등으로 평가업무의 중요성이 증대되고 있다.

2. 상속세 및 증여세법

1) 상속세 및 증여세법상 평가 원칙

「상속세 및 증여세법」은 제60조에서 상속재산과 증여재산의 가액은 상속개시일 또는 증여일 현재의 시가에 의한다고 규정한다. 시가란 불특정 다수인 사이에 자유롭게 거래가 이루어지는 경우 통상적으로 성립될 것으로 인정되는 가액을 의미한다. 이는 해당 재산이 갖는 객관적 교환가치를 과세표준으로 삼겠다는 취지이다.

2) 시가 인정 기준

「상속세 및 증여세법 시행령」 제49조는 시가 인정 기준을 구체적으로 규정한다. 매매사례가액, 감정가액, 수용가액이 시가로 인정되는 대표적인 기준이다. 매매사례가액은 상속개시일인 경우 전후 6개월, 증여일인 경우 전후 각 3개월 이내에 해당 재산과 동일하거나 유사한 재산의 매매가액을 말한다. 감정가액은 감정평가법에 따라 둘 이상의 감정평가법인등이 평가한 가액의 평균액을 의미한다.

3) 보충적 평가방법의 적용

① 시가 산정이 곤란한 경우에는 「상속세 및 증여세법 시행령」 제50조부터 제66조까지의 보충적 평가방법을 적용한다. 보충적 평가방법은 토지, 건물, 건물 및 구축물의 이용권으로 구분하여 각각 다른 산정방식을 적용한다.

② 토지의 경우 개별공시지가를 기준으로 하되, 개별공시지가가 없는 경우에는 인근 유사토지의 개별공시지가에 토지특성차이를 반영한 가액을 적용한다. 건물은 건물신축가격기준액에 구조지수, 용도지수, 위치지수, 경과연수별 잔가율 등을 곱하여 산정한다. 이때 건물신축가격기준액은 국토교통부장관이 매년 고시하는 금액을 사용한다.

4) 신고납부와 가액 결정

납세의무자는 상속세 또는 증여세 신고 시 재산의 가액을 시가 또는 보충적 평가방법에 따라 산정하여 신고해야 한다. 과세관청은 신고된 가액이 시가에 못 미친다고 인정하는 경우 직권으로 가액을 결정할 수 있으며, 이 경우 감정평가 등을 통해 객관적 가액을 산정한다.

VI. 감정평가와 관련된 상담 및 자문 등

1. 적용

감정평가법인등이 「감정평가 및 감정평가사에 관한 법률」(감정평가법) 제10조 제6호에 따른 감정평가와 관련된 상담 및 자문(이하 "상담자문등")이나 동조 제7호에 따른 토지등의 이용 및 개발 등에 대한 조언이나 정보 등의 제공(이하 "정보제공등") 등의 업무를 수행할 때에는 감정평가관계법규에서 따로 정한 것을 제외하고는 이 절에서 정하는 바에 따르고, 이 절에서 정하지 않은 사항은 [100 총칙]부터 [600 물건별 감정평가]까지의 규정을 준용한다.

2. 상담자문등

1) 상담자문등의 수임

상담자문등을 수임하는 경우 다음 각 호 사항을 의뢰인과 협의하여야 한다.
1. 상담자문등의 목적
2. 상담자문등의 업무범위 및 소요시간
3. 대상물건 및 자료수집의 범위
4. 상담자문등의 의뢰조건 및 시점
5. 상담자문등의 보고 형식
6. 상담자문등의 수수료 및 실비의 청구와 지급
7. 상담자문등의 책임범위

2) 상담자문등의 보고

상담자문등의 보고서에는 다음 각 호의 사항이 포함되어야 한다.
1. 의뢰인에 관한 사항 및 이용제한
2. 상담자문등 업무의 목적, 부대조건, 자문 대상, 적용기준
3. 보고서 작성일
4. 보고서의 책임범위

3. 정보제공등

1) 정보제공등의 접수

감정평가법인등이 정보제공등을 수임할 때에는 다음 각 호의 사항을 의뢰인과 협의하여 계약내용에 포함하여야 한다.
1. 정보제공등의 목적 및 범위
2. 수행기간
3. 정보제공등의 보수
4. 결과보고서의 양식 및 성과품
5. 준수사항 및 비밀보장
6. 정보제공등의 중지 및 변경

7. 계약의 해제 등
8. 계약일자
9. 계약당사자
10. 그 밖의 업무특약사항

2) 정보제공등의 수행 및 보고

① 감정평가법인등이 정보제공등을 수행하는 경우에는 다음 각 호의 사항을 고려하여야 한다.
1. 정보제공등의 목적
2. 정보제공등의 업무범위
3. 대상물건 및 자료수집의 범위
4. 정보제공등의 의뢰조건 및 시점

② 감정평가법인등은 정보제공등의 수행 시 객관적인 자료에 근거하여 합리적으로 분석하여야 한다.

③ 감정평가법인등은 정보제공등의 보고서를 작성하는 경우 다음 각 호의 사항을 준수하여야 한다.
1. 조사 및 분석결과 객관적으로 입증된 사실에 대한 기술
2. 인용자료의 출처
3. 보고서의 목적에 맞지 않는 사실이나 자료 등의 기술 배제
4. 일반인이 이해하기 쉬운 용어 사용

★ 기출문제

제11회 문제1
감정평가와 부동산컨설팅과의 관계를 설명하고 이와 관련하여 토지유효활용을 위한 등가교환방식의 개념과 평가시 유의사항을 논하시오. (30점)

제27회 문제2
감정평가사 甲은 乙주식회사가 소유한 △△동 1번지 소재 업무용빌딩과 △△동 1-1번지 나지상태의 토지에 대하여 재무보고목적의 감정평가를 진행하려 한다. 다음 물음에 답하시오. (30점)

물음 1) 본건 감정평가의 기준가치는 무엇인지 그 개념에 관해 설명하고, 시장가치 기준원칙과의 관계에 관해 설명하시오. (10점)

Ⅶ. 공시가액평가

1. 의의 및 취지

토지, 주택등 부동산의 적정가격을 공시하는 제도이다. 부동산의 적정가격 공시에 관한 기본적인 사항과 부동산시장 동향의 조사, 관리에 필요한 사항을 규정함으로써 부동산의 적정한 가격형성과 각종 조세, 부담금등의 형평성을 도모하고 국민경제 발전에 이바지함을 목적으로 한다.

2. 표준지공시지가의 의의

표준지공시지가란 「부동산 가격공시에 관한 법률」에 따라 국장이 선정한 표준지에 대해 매년 공시기준일에 조사, 평가하여 공시한 현재의 단위면적당 적정가격이다.

3. 적정가격의 요건

① 통상적인 시장일 것
일반경제재화의 시장과 달리 부동산은 고정성, 개별성 등 특성이 있어 통상적인 시장을 기대할 수 없고, 법률에 근거하여 국토교통부장관이 구축하고 운영하는 부동산정보체계가 통상적인 시장기능을 하고 있다고 볼 수 있다.

② 정상적인 거래가 이루어지는 경우일 것
거래당사자에 대한 자유경쟁의 기회가 충분히 주어지고, 자유경쟁 의사를 저해하는 요인이 없이, 자유경쟁 능력이 갖추어진 거래를 의미하며, 투기적 거래 등 정당한 가격형성 저해요인이 반영되지 않은 거래를 의미한다.

③ 성립될 가능성이 가장 높다고 인정되는 가격
가장 높다고 인정되는 가격의 기준은 대상부동산의 최적이용가치이며 적정가격은 이를 상정하여 가장 높게 형성될 수 있는 거래가능가격을 의미한다.
최빈거래가격으로 성립요건을 해설할 수 있으나, 공공성이 강한 부동산은 수요공급원칙이 그대로 적용될 수 없는 바, 토지를 어떤 용도로 이용하는 것이 가장 높은 가격으로 형성될 수 있는지 최적이용가치를 판단하는 것으로 볼 수 있다.

④ 객관적인 시장가치
실제로 부동산 시장에서 객관적 시장가치를 기대하기 어렵다. 따라서 객관적 시장가치는 거래당사자의 적정가격 성립요건이 아니라 공시가격 평가주체의 적정가격 판단효과로 해석함이 타당하다.

4. 적정가격과 시장가치와의 관계

① 동일설
시장가치는 부동산거래에 있어 실제 지향해야할 목표가격, 즉 당위가격에 가깝다.

② 상이설
㉠ 적정가격은 법률목적상의 가격으로 가치지향적이면서 정책적인 가격이고, 정상가격은 현실성과 시장성을 중시하는 가격이다.
㉡ 적정가격은 나지 상태와 사권제한이 없는 상태를 상정하여 평가하는 조건부평가 또는 특정가격이므로 이러한 의미에서 시장가치와 다르다.

③ 국토교통부 질의회신상

부동산공시법상의 적정가격과 감칙상 시장가치는 같은 개념으로 볼 수 있다. 하지만, 토지보상법상 적정가격과는 다른 의미이다.

④ 소결

적정가격이 상정하는 정상거래와 나지 상정, 권리배제 등 시장가치의 요건과 상이하다. 평가 목적에 따라 적용하는 원칙과 평가액이 다른 바, 시장가치는 존재가치이며 보상법상 적정가격은 당위가치이므로 상이설이 타당하다.

5. 시가(실거래가)로 적정가격 추정 시 문제점

① 부동산시장의 왜곡

부동산가격의 이중성으로 이상거래가 계속 반복

② 잘못된 부동산정책의 수립

불명확한 개념에 근거하고 불완전한 자료를 사용하여 산정한 부정확한 시가를 기준으로 공시가격의 적정성 여부를 판단하고 이를 기준으로 부동산정책 수립 시 정책도 잘못될 수 있다. 또한 가격지수들의 신뢰성도 저하된다.

③ 감정평가의 오류

「감정평가에 관한 규칙」에서는 비교거래사례로서 적정한 실거래가를 규정하고 있다. 구체적인 적정한 실거래가격의 판단기준이 없는 상태에서 이상거래를 비교거래사례로 선정할 경우 감정평가에 오류가 발생할 수도 있다.

6. 공시지가 현실화정책

1) 의의

현실화율은 시장에서 거래되는 가격 대비 공시가격의 비율을 말한다. 그리고 현실화정책은 이러한 공시가격의 현실화율을 높이기 위한 것으로 모든 토지를 대상으로 하여 향후 7년 내 현실화율 70%에 도달하도록 정부에서 추진 중이다.

최근 「부동산공시법」 제26조의2 입법을 통해 현실화율 방안을 구체화 하였다.

2) 토지의 감정평가에 미칠 영향

① 토지 보상평가 시 감정평가액의 신뢰성 향상

낮은 공시지가에 기반한 보상평가액 산정으로 토지소유자와 상당한 마찰이 발생하였으나 현실화정책으로 인해 이전보다 보상평가액에 대한 신뢰성을 회복할 수 있다.

② 다른 평가방법에 의한 시산가액과 균형성 제고

공시지가기준법상 시산가액이 토지 감정평가의 주된 방식이나 다른 시산가액에 비해 상대적으로 낮은 경향을 보였다. 현실화정책으로 인하여 시산가액 간의 괴리가 상당부분 줄어들어 균형성이 제고될 것으로 생각된다.

★ 기출문제

제6회 문제2
시장가치와 부동산공시법상 규정한 적정가격의 개념을 비교하여 논하시오. (30점)
[원문] 정상가격과 지가공시법상 규정한 적정가격의 개념을 비교하여 논하시오.

제18회 문제3
「부동산 가격공시 및 감정평가에 관한 법률」[4]에 의한 표준지공시지가와 표준주택가격의 같은 점과 다른 점을 설명하시오. (20점)

제19회 문제1
일괄평가방법과 관련하여, 다음을 논하시오. (40점)

물음 3) 표준주택가격의 평가와 관련하여, 현행 법령상 표준주택가격의 조사평가기준을 설명하시오. (10점)

물음 4) 표준주택가격의 일괄평가 시 평가 3방식 적용의 타당성을 논하시오. (10점)

제20회 문제4
비주거용 부동산가격공시제도의 도입 필요성에 대하여 설명하시오. (10점)

---

[4] 현행 법령 적용(「부동산 가격공시에 관한 법률」)

제30회 문제4

부동산가격공시와 관련한 '조사 · 평가'와 '조사 · 산정'에 대해 비교 · 설명하시오. (10점)

제31회 문제2

토지소유자 甲은 공익사업에 토지가 편입되어 보상액 통지를 받았다. 보상액이 낮다고 느낀 甲은 보상액 산정의 기준이 된 감정평가서 내용에 의문이 있어, 보상감정평가를 수행한 감정평가사 乙에게 다음과 같은 질의를 하였다. 이에 관하여 감정평가사 乙의 입장에서 답변을 논하시오. (30점)

물음 1) 감정평가서에는 공시지가기준법을 주방식으로 적용하여 대상토지를 감정평가하였다고 기재되어 있다. 甲은 대상토지의 개별공시지가가 비교표준지공시지가보다 높음에도 불구하고 개별공시지가를 기준으로 감정평가하지 않은 이유에 관하여 질의하였다. (15점)

물음 2) 甲은 비교표준지 공시지가가 시장가격(거래가격)과 비교하여 낮은 수준임을 자료로 제시하면서, 거래사례비교법을 주방식으로 적용하지 않은 이유에 관하여 질의하였다. (15점)

목적별 평가 통합 기출문제

제13회 문제3
감정평가목적 등에 따라 부동산가격이 달라질 수 있는지에 대하여 국내 및 외국의 부동산가격다원화에 대한 견해 등을 중심으로 논하시오. (20점)

제17회 문제2
감정평가에 있어 시장가치, 투자가치, 계속기업가치 및 담보가치에 대하여 각각의 개념을 설명하고, 각 가치개념 간의 차이점을 비교한 후, 이를 가격다원론의 관점에서 논하시오. (30점)

제19회 문제4
「부동산가격공시 및 감정평가에 관한 법률」[5]의 표준지공시지가를 기준으로 평가한 보상평가가격과 적정가격, 실거래가격과의 관계를 설명하시오. (10점)

제20회 문제1
지상권이 설정된 토지가 시장에서 거래되고 있다. 이와 관련된 다음 물음에 답하시오. (40점)

물음 1) 위 토지의 담보평가 시 유의할 점과 감가 또는 증가요인을 설명하시오. (15점)

물음 2) 위 토지의 보상평가 시 검토되어야 할 주요 사항을 설명하시오. (10점)

---

[5] 현행 법령 적용(「부동산 가격공시에 관한 법률」)

물음 3) 감정평가목적에 따라 감정평가액의 차이가 발생할 수 있는 이유를 감정평가의 기능과 관련하여 논하시오. (20점)

제26회 2번
감정평가목적에 따라 감정평가금액의 격차가 큰 경우가 있다. 다음 물음에 답하시오. (30점)

물음 1) 보상평가, 경매평가, 담보평가의 목적별 평가방법을 약술하고, 동일한 물건이 감정평가목적에 따라 감정평가금액의 격차가 큰 사례 5가지를 제시하고 그 이유를 설명하시오. (20점)

물음 2) 주거용 건물을 신축하기 위해 건축허가를 득하여 도로를 개설하고 입목을 벌채중인 임야를 평가하고자 한다. 개발 중인 토지의 평가방식에는 공제방식과 가산방식이 있다. 공제방식은 개발 후 대지가격에서 개발에 소요되는 제반비용을 공제하는 방식이고, 가산방식은 소지가격에 개발에 소요되는 비용을 가산하여 평가하는 방식이다. 두 가지 방식에 따른 감정평가금액의 격차가 클 경우, 보상평가, 경매평가, 담보평가에서 각각 어떻게 평가하는 것이 더 적절한지 설명하시오. (10점)

제36회 문제2
"감정평가"란 토지등의 경제적 가치를 판정하여 그 결과를 가액(價額)으로 표시하는 것을 말한다. 다음 물음에 답하시오. (30점)

물음 1) 감정평가의 정의(定義)에 규정된 '경제적 가치'와 '판정'의 의의를 각각 쓰시오. (10점)

물음 2) 관련 법령에 따라 '복수(複數) 감정평가'를 하는 공시지가평가, 보상평가, 재개발사업 종전자산평가의 경제적 가치 판정에 있어 유의할 점을 각각 쓰시오. (단, 감정평가 대상물건은 토지에 한함) (20점)

> [참고]
> - **공시지가평가**: 「부동산 가격공시에 관한 법률」에 따른 표준지공시지가 조사·평가
> - **보상평가**: 「공익사업을 위한 토지 등의 취득 및 보상에 관한 법률」등 법령에 따라 공익사업을 목적으로 취득하는 토지에 대한 손실보상을 위한 감정평가
> - **재개발사업 종전자산평가**: 「도시 및 주거환경정비법」에 따른 재개발사업의 관리처분계획 수립과 관련된 종전자산의 감정평가

제3장

토지 및 그 정착물

제3장 토지 및 그 정착물

I. 토지 등

1. 개관

1) 정의
토지란 소유권의 대상이 되는 땅으로서 지하·공중 등 정당한 이익이 있는 범위 내에서 그 상하를 포함한다.

2) 규정의 취지
① 감정평가의 대상이 되는 토지는 소유권의 대상이 되어야 하며, 그 물리적인 범위를 정당한 이익이 미치는 지하·공중까지 포함함을 명확히 한다.
② 이는 효용의 크기를 판정하는 물리적·경제적 범주를 정함과 동시에 감정평가의 대상에 구분지상권, 지하사용에 대한 이용권 등의 권리가 될 수 있음을 밝힌다.

3) 주요내용

(1) 감정평가대상으로서의 토지

소유권은 법률의 범위 내에서 그 소유물을 사용·수익·처분할 수 있는 권리이다. 토지는 지표면상에 무한히 연속하고 있으나, 편의상 인위적으로 개별필지로 구분하고 지적공부(예 토지대장, 지적도 등)에 등록하고 통상적인 거래단위로 사용된다.

(2) 정당한 이익이 있는 범위의 판단

토지의 지하·공중 등 정당한 이익이 있는 범위는 해당 토지의 효용창출 공간이며, 토지의 공법상 제한과 사법상의 저해요인 등에 따라 공간의 크기가 달라질 수 있다. 따라서 감정평가시 공법상 제한에 따라 보장되는 정당한 이익의 범주를 명확히 획정 짓고 보장 또는 저해되는 정도를 감안하여 감정평가를 행해야 한다.

2. 자료의 수집 및 정리

1) 사전조사

(1) 조사내용

소재지, 지번, 지목, 면적, 토지의 사용·처분 등의 제한사항, 공시지가, 지변률 등

(2) 구비서류

토지이용계획확인서, 지적도, 등기사항전부증명서, 토지(임야)대장 등

2) 실지조사

① 사전조사내용과 현황의 일치여부를 중심으로 조사한다.
② 소재지, 지목, 면적, 형상, 지세, 이용상황, 교통상황, 도로의 상태, 제시외 건물 존부, 기타권리사항 등

3) 가격자료의 수집 및 정리

거래사례	주로 비교방식을 적용하기 위하여 필요하며 시장에서 거래되고 있는 가격수준을 파악하게 해주는 사례로서, 실거래가격 또는 분양가격 등이 있다. 수집기준(시장가치의 개념요소 부합여부), 정리기준(예) 최신사례 중심, 인근지역 중심, 유사 가치형성요인 중심 등)
조성사례	주로 조성지나 매립지 등의 감정평가 시 원가방식 적용을 위해 유사 토지의 조성사례를 수집하게 되며, 이를 통하여 소지의 취득가격·조성공사비·부대비용·유효택지화율·성숙도 등을 확인할 수 있다. * 성숙도 판단기준: 대규모 택지개발지의 경우 건축허가 및 준공률 동향, 아파트 입주 및 주민등록 동향, 상업용 시설의 공실 및 임대 동향 등
임대사례	수익방식에 따라 감정평가하는 경우 필요 자료로서, 주차장이나 건물 등의 사용을 위해 임대차계약이 이루어진 사례 등이 있다. 임대사례를 통하여 임대수익·임대보증금·전환율·기타수익·총비용 등을 확인할 수 있다. 인근의 임대료 수준 및 동향 등을 토대로 수집된 임대내역의 적정성 검증이 필요하다.
시장자료 등	대상토지가 속한 지역의 일반적인 경제상황을 파악하기 위한 자료들로, 물가상승률·경제성장률·지가변동률·금리·환율 등의 거시경제지표 등이 있으며, 그 밖에 토지가치에 영향을 미칠 수 있는 제반 자료를 수집할 필요가 있다.

4) 적절한 자료가 갖추어야 할 요건

감정평가의 최종 목표는 적정한 시장가치 결정이므로, 각종 자료는 시장가치 판정에 기여하는지가 중요하다. 따라서 자료의 적절성의 판단기준은 시장가치의 개념요건에 부합하는지 여부이다.

> **TIP 답안 구성하는 방법**
> ① 시장가치 개념요소 기준 전개하여 자료의 적절성 여부를 검토
> ② 공시지가기준법 평가항목별로 기준제시하고 자료의 적절성 여부 검토

3. 면적사정

1) 면적사정의 원칙과 기준

토지의 가치는 면적에 비례하여 변동하기 때문에 정확한 면적 확정은 감정평가의 핵심 요소이다. 감정평가사는 현장조사를 실시하여 토지대장 기재 면적이 실제 상황과 일치하는지 확인한다. 공부상 면적과 실제 면적 간 차이가 명백하게 인지되는 경우에는 지적측량 등 별도의 확인 절차를 거쳐 정확한 면적을 산정해야 한다.

2) 공부상 면적과 실제면적의 차이 발생 시 처리방안

(1) 실제면적과 토지대장상 면적의 현저한 차이

현저한 차이란 별도의 정밀측량 없이도 육안으로 확인 가능한 수준의 차이를 의미한다. 의뢰인이 별도 측량을 통한 실제면적 기준 평가를 요청하거나 조건부 설정이 가능한 상황에서는 실제면적을 기준으로 평가를 수행할 수 있다. 반면 이러한 조건이 충족되지 않은 경우에는 평가 의뢰를 반려하는 것이 적절하다.

(2) 의뢰인의 실제면적 제시

의뢰인이 실제면적을 제시하며 해당 면적을 기준으로 한 감정평가를 요청하는 경우 실제면적을 평가 기준으로 활용할 수 있다. 이때 감정평가사는 제시된 실제면적의 산출과정과 근거자료를 객관적으로 검증해야 한다. 이러한 검증과정을 통해 자료의 신뢰성을 확보해야만 감정평가 업무 수행 시 요구되는 신의성실의무를 충족할 수 있다.

4. 토지의 감정평가방법

1) 주요내용

(1) 「감정평가 및 감정평가사에 관한 법률」 제3조 제1항의 취지

> 감정평가법인등이 토지를 감정평가하는 경우에는 그 토지와 이용가치가 비슷하다고 인정되는 「부동산 가격공시에 관한 법률」에 따른 표준지공시지가를 기준으로 하여야 한다. 다만, 적정한 실거래가가 있는 경우에는 이를 기준으로 할 수 있다.

토지감정평가 시 원칙을 제시함으로 감정평가방법의 선택 및 적용에 자의성을 배제하여 통일된 기준을 제시하기 위한 규정이다.

(2) 「감정평가 및 감정평가사에 관한 법률」 제3조 제2항의 취지

> 제1항에도 불구하고 감정평가법인등이 「주식회사 등의 외부감사에 관한 법률」에 따른 재무제표 작성 등 기업의 재무제표 작성에 필요한 감정평가와 담보권의 설정·경매 등 대통령령으로 정하는 감정평가를 할 때에는 해당 토지의 임대료, 조성비용 등을 고려하여 감정평가를 할 수 있다.

'3방식의 적극적인 활용과 시산가액 조정'을 유도하고 있으며, 이와 관련해 상기 조문에서 감정평가 업무를 폭넓게 규정함으로써 3방식의 병용에 대한 태도를 취하고 있다.

(3) 감정평가방법 적용 관련 해석

가. 「감정평가 및 감정평가사에 관한 법률」 제3조 제2항

상기 규정에 해당하는 감정평가의 경우 임대료·조성비용 등을 고려하여 감정평가 할 수 있으므로, 「감정평가에 관한 규칙」 제12조 제3항에 따라 공시지가기준법에 의한 시산가액의 합리성이 없다고 판단되는 경우에는 다른 감정평가방법에 의하여 산출한 시산가액을 조정하여 감정평가액을 결정할 수 있다.

나. 「감정평가 및 감정평가사에 관한 법률」 제3조 제2항 규정에 해당하지 않는 감정평가 시 공시지가기준법 외의 감정평가방법 적용 가능 여부

제2항 규정에 해당하지 않는 감정평가(예 보상평가, 국·공유지의 처분 또는 매수 목적의 감정평가 등)에서 공시지가기준법 적용이라는 강행규정에 따라 다른 감정평가방법 적용을 통한 최종가액 결정이 제한된다고 해석된다. 다만, 「공익사업을 위한 토지 등의 취득 및 보상에 관한 법률」 제70조 제6항 및 「공익사업을 위한 토지 등의 취득 및 보상에 관한 법률 시행규칙」 제18조 제2항, 현행 「감정평가에 관한 규칙」 및 실무기준 의 취지 등을 종합적으로 고려해 볼 때, 상기 단서규정에 해당하지 않는 토지의 경우에도 공시지가기준법의 적용이 부적정할 경우 공시지가기준법 외의 감정평가방법을 적용함이 가능하다고 본다.

> 「공익사업을 위한 토지 등의 취득 및 보상에 관한 법률」
> 제70조(취득하는 토지의 보상) ⑥ 취득하는 토지와 이에 관한 소유권 외의 권리에 대한 구체적인 보상액 산정 및 평가방법은 투자비용, 예상수익 및 거래가격 등을 고려하여 국토교통부령으로 정한다.
>
> 「공익사업을 위한 토지 등의 취득 및 보상에 관한 법률 시행규칙」
> 제18조(평가방법 적용의 원칙) ① 대상물건의 평가는 이 규칙에서 정하는 방법에 의하되, 그 방법으로 구한 가격 또는 사용료(이하 "가격등"이라 한다)를 다른 방법으로 구한 가격등과 비교하여 그 합리성을 검토하여야 한다.
> ② 이 규칙에서 정하는 방법으로 평가하는 경우 평가가 크게 부적정하게 될 요인이 있는 경우에는 적정하다고 판단되는 다른 방법으로 평가할 수 있다. 이 경우 보상평가서에 그 사유를 기재하여야 한다.
> ③ 이 규칙에서 정하지 아니한 대상물건에 대하여는 이 규칙의 취지와 감정평가의 일반이론에 의하여 객관적으로 판단·평가하여야 한다.

5. 공시지가기준법의 적용

1) 비교표준지의 선정

(1) 규정의 취지

공시지가기준법은 대상토지와 비교가능성이 높은 표준지공시지가를 기준으로 제반 가치형성요인의 보정과정 등을 거쳐 시장가치를 산출하는 방법이다. 따라서 비교 가능성이 높은 표준지의 선정은 가장 기초 작업인 동시에 가치결론의 정확성을 좌우하는 중요 요소이다. 이러한 표준지 선정의 기준을 정함으로써 가치결론의 정확성과 신뢰성 증진을 도모하기 위한 취지가 있다.

(2) 비교표준지의 의의

비교표준지라 함은 공시지가 표준지 중에서 대상토지와 가치형성요인이 같거나 비슷하여 유사한 이용가치를 지닌다고 인정되어 대상토지의 감정평가 시 비교기준으로 선정하는 표준지를 말한다.

(3) 비교표준지 선정기준

가. 원칙

선정의 일반적인 기준은 '대상토지와 유사한 이용가치'이며, 판단기준은 가치형성요인의 유사성이다.

① 용도지역·지구·구역 등 공법상 제한사항이 같거나 비슷할 것
 ㉠ 부동산의 환경 중 법적·행정적 환경인 공법상 제한이 가치형성에 가장 큰 영향을 미치기 때문이며, 부동산의 유용성을 결정짓는 가장 중요한 기준점이 되기 때문이다. 또한 사인의 노력에 의해 바꿀 수 없는 성질의 것이기에 가장 중요한 기준이다.
 ㉡ 대법원은 "당해 토지와 같은 용도지역의 표준지가 있으면 다른 특별한 사정이 없는 한 용도지역이 같은 토지를 당해 토지에 적용할 표준지로 선정함이 상당하고, 가사 표준지와 당해 토지의 이용상황이나 주변환경 등에 다소 상이한 점이 있다 하더라도 이러한 점은 지역요인이나 개별요인의 분석 등 품등비교에서 참작하면 된다."라고 판결하였다(대법원 2000.12.8. 선고 99두9957).

② 이용상황이 같거나 비슷할 것
 ㉠ 이용상황은 공부상의 지목이 아닌 현실적인 이용상황을 기준으로 판단한다.
 ㉡ 대법원은 "당해 토지와 유사한 이용가치를 지닌다고 인정되는 표준지라 함은 공부상 지목과는 관계없이 현실적 이용상황이 같거나 유사한 표준지를 의미한다."라고 판결하였다(대법원 1993.5.25. 선고 92누15215).

③ 주변환경 등이 같거나 비슷할 것
부동산의 가치형성원리는 지역성으로 대변되고, 개별부동산은 지역적 환경과의 교류 또는 결합을 통해 가치가 결정된다. 즉, 주변환경이 같을수록 지역적 환경을 공유하게 되므로 유용성의 크기 또한 유사한 수준으로 형성된다는 점에서 가치 판정에 유용한 자료가 된다.

④ 인근지역에 위치하여 지리적으로 가능한 한 가까이 있을 것
인근지역은 대상토지가 속하는 지역으로 특정 용도에 제공되는 것을 중심으로 지역적 통합을 이루고 있는바, 대상토지의 가치형성에 직접적인 영향을 미친다. 또한 동일한 인근지역 내에서는 지리적으로 근접할수록 가치형성의 동일성이 강하다.

나. 선정기준을 충족하는 비슷한 표준지가 없는 경우

인근지역과 유사한 지역적 특성을 갖는 동일수급권 안의 유사지역에 위치하고 위 선정기준의 ①~③을 충족하는 표준지를 선정할 수 있다. 이 경우도 ①은 가장 중요한 기준이 된다.

2) 적용공시지가의 선택

(1) 규정의 취지

표준지공시지가는 매년 공시기준일 현재의 적정가격을 조사·평가하여 공시한다. 따라서 어느 연도의 공시지가를 적용하는지에 따라 감정평가의 적정성이 영향을 받을 수 있다. 가치형성요인이 변화하고 가치의 변동원리가 작용하기 때문이다. 이에 따라 선택기준을 정함으로써 감정평가 결과의 왜곡을 예방하고 합리적인 시장가치 산정을 유도하고자 한다.

(2) 적용공시지가의 의의

표준지공시지가 중에서 대상토지의 감정평가를 위하여 비교의 기준으로 선택된 연도별 공시지가를 의미한다. 가치형성요인의 가변성에 따라 토지가치 자체도 가변성을 가지기 때문에 적절한 공시지가 선택이 중요하다.

(3) 적용공시지가 선택의 기준

적용공시지가는 기준시점에 공시되어 있는 공시지가 중 기준시점에 가장 가까운 시점의 것을 선택하고, 감정평가의 적정성 확보를 위해 가장 최근에 공시된 공시지가를 적용하도록 하기 위해서이다. 인근지역에 소재하는 표준지는 평가대상과 지역요인을 공유하며, 기준시점에 가까울수록 가치를 결정짓는 인근지역의 부동산환경이 유사하기 때문에 시점 간의 유사성이 중요하다.

3) 시점수정

(1) 규정의 취지

시점수정은 공시지가기준법 적용 시 표준지공시지가의 공시기준일과 기준시점이 시간적 불일치로 인하여 가치의 변동이 있을 경우 이를 적정하게 보정하는 절차이다.

(2) 시점수정의 개념 및 의의

시점수정이란 비교표준지 공시기준일과 대상토지의 기준시점이 시간적으로 불일치하여 가치의 변동이 있을 경우, 공시기준일 현재의 표준지 공시지가를 기준시점의 가치 수준으로 수정하는 작업을 말한다. 이때 사용되는 지수로는 지가변동률, 생산자물가지수, 금융기관의 이자율 등이 있다.

(3) 지가변동률의 개념

「부동산 거래신고 등에 관한 법률」 제19조에 따라 국토교통부장관이 월별로 조사·발표한 지가변동률로서 「지가변동률 조사·산정에 관한 규정」에 의하여 조사·평가한 표본지의 시장가치를 기초로 산정된 지가지수의 기준시점과 비교시점의 비율을 말한다. 표본지란 지가변동률 조사·산정대상 지역에서 행정구역별·용도지역별·이용상황별로 지가변동을 측정하기 위하여 선정한 대표적인 필지이다.

(4) 생산자물가상승률의 적용

가. 생산자물가상승률의 개념

① 「한국은행법」 제86조에 따라 한국은행이 조사·발표하는 생산자물가지수에 따라 산정된 비율을 말한다.

② 「공익사업을 위한 토지 등의 취득 및 보상에 관한 법률」 1981.12.31자로 적용 가능성을 도입. 토지가격과 관련 없는 상품 및 서비스에 대한 지수인 도매물가상승률 또는 생산자물가상승률을 시점수정방법으로 규정하게 된 이유는 시가보상의 원칙을 충실하게 적용하기 위해 지변률(지가변동률)의 보완적 방법으로 도입한다.

나. 생산자물가상승률을 적용할 수 있는 경우

① 조성비용 등을 기준으로 감정평가하는 경우: 비용성의 원리에 따라 토지를 생산하는 자가 조성비용을 투입한 것으로서 지가변동률을 적용하는 것보다 생산자물가상승률을 적용하는 것이 보다 적정한 시점수정방법이 될 수 있다.

② 그 밖에 지가변동률 적용보다 생산자물가상승률 적용이 타당하다고 할 만한 특별한 이유가 인정되는 경우에 적용 가능하다.

다. 생산자물가상승률 추정 및 산정

생산자물가상승률은 생산자물가지수를 토대로 산정하며, 다음과 같이 적용한다.
① 공시기준일의 생산자물가지수는 전년도 12월 지수를 적용한다.
② 기준시점의 생산자물가지수는 기준시점이 속하는 전월의 지수를 적용하되, 기준시점이 그 달의 15일 이후이고 감정평가시점 당시에 기준시점이 속한 달의 생산자물가지수가 조사·발표된 경우에는 기준시점이 속하는 달의 지수를 적용한다.

4) 지역요인과 개별요인의 비교

(1) 지역요인의 비교

가. 규정의 취지

비교표준지가 속한 지역과 대상토지가 속한 지역적 차이에 따른 가치수준의 격차를 보정하는 중요한 절차이다. 부동산의 지역성에 기인하여 지역적 차원의 가치형성원리가 반영되어야 하므로, 적합의 원리에 따라 평가논리를 구성한다. 이때 가치형성요인 분석의 결과물이 요인비교 시 평점부여의 기준으로 작용하며, 비교과정상의 객관성 확보를 위해 명시적으로 마련된다.

나. 지역요인의 의의

① 지역요인이란 대상물건이 속한 지역의 가격수준 형성에 영향을 미치는 자연적·사회적·경제적·행정적 요인을 말한다. 즉, 지역요인은 대상지역이 다른 지역과 구별되는 지역특성을 이루는 자연적·인문적 요인들로서 그 지역의 가격수준이나 표준적 사용에 영향을 미치는 지역적 차원의 가치형성요인이다.
② 부동산의 가치는 지역성이라는 특성으로 인해 우선적으로 지역수준에서 그 가격수준이 형성되므로 지역요인의 비교가 필수적이다. 결국 시장참가자가 특정의 지역시장에 참여할 때 부동산을 매매하는 과정에서 해당 지역의 표준적 사용을 나타내는 부동산과 거래대상의 가치형성요인을 비교하여 유용성의 크기를 가늠하고 거래가격을 결정하는 행동패턴을 반영하기 위한 것이다.

다. 지역요인의 비교

① 비교대상

지역요인의 비교는 비교표준지가 있는 지역의 표준적인 획지의 최유효이용(표준적 사용)과 대상토지가 있는 지역의 표준적인 획지의 최유효이용을 판정·비교하여 산정한 격차율을 적용한다. 표준적인 획지의 최유효이용은 해당지역의 특성과 가격수준을 대표하기 때문이다.

② 비교시점(기준시점 기준으로 비교)

㉠ 비교표준지가 있는 지역과 대상토지가 있는 지역 모두 기준시점을 기준으로 비교한다.
㉡ 비교표준지의 공시기준일을 기준으로 비교할 경우, 과거시점의 지역요인을 파악해야 하는 현실상 한계가 발생하고 인근지역 간에도 지역요인비교가 이뤄져야 하는 모순이 발생할 수 있다.

라. 지역요인의 비교의 격차율 산정방법

① 지역요인 비교의 항목과 세항목

「표준지공시지가 조사·평가 기준」 제9조에서는 지역요인 및 개별요인의 비교는 표준지의 공법상 용도지역과 실제이용상황 등을 기준으로 그 용도적 특성에 따라 용도지대를 분류하고, 가로·접근·환경·획지·행정·기타조건 등에 관한 사항을 비교하도록 정하고 있다.

② 격차율의 산정방법

'조건'단위의 격차율은 비교가 필요한 '항목·세항목'만을 추출하여 산정하되, 각 '항목·세항목' 단위의 우세·열세 등 격차율을 더한 것으로 한다. 지역요인 및 개별요인별 격차율은 이러한 방법에 따라 산정된 각 '조건' 단위의 격차율을 곱한 것으로 한다.

③ 격차율의 표시방법

격차율은 비교표준지를 기준으로 평가대상 개별필지별로 산정함을 원칙하며, 백분율로서 소수점 이하 첫째 자리까지 표시하고 둘째 자리에서 반올림한다.

예) 0.000

(2) 개별요인의 비교

가. 규정의 취지

개별성에 따라 그 가치를 개별적으로 형성하게 하는 요인을 비교하여 격차를 보정하는 절차로서, 개별요인 비교과정의 객관성확보를 위해 기준성을 마련한다.

부동산의 고유의 가치형성요인이 지역적 특성과 결합하여, 시장 참여자의 인식과 행동패턴에 따라 창출하는 유용성의 크기가 다르며, 이에 따라 가격층화가 발생되는 가치형성원리를 반영하기 위한 평가논리이다.

나. 개별요인의 의의

개별요인이란 대상물건의 구체적 가치에 영향을 미치는 대상물건의 고유한 개별적 요인을 말한다. 부동산의 개별성에 따라 그 가치를 개별적으로 형성하게 하는 요인으로서 대상부동산이 속한 지역의 표준적인 이용을 전제로 한 가격수준과 비교하여 개별적 가격 차이를 발생시키는 가치형성요인이다.

다. 개별요인의 비교

① 비교대상

개별요인 비교는 비교표준지의 최유효이용과 대상토지의 최유효이용을 판정·비교한다. 대상토지의 현황이 최유효이용에 미달하는 경우에도 그 구체적인 가액을 산정하기 위해서는 대상토지의 최유효이용에 대한 판정이 선행되어야 한다.

② 비교시점(기준시점과 공시기준일/거래시점 기준으로 비교)

비교표준지의 개별요인은 공시기준일을 기준으로 하고 대상토지의 개별요인은 기준시점을 기준으로 한다. 지역요인의 비교는 비교표준지와 대상토지 모두 기준시점을 기준으로 하지만, 개별요인의 비교에서는 비교표준지는 공시기준일 당시의 현황을 기준으로 하는 것에 유의해야 한다.

(3) 참고사항

격차율을 산정하는 방법은 종합적 비교법과 평점법이 있으며, 우리나라는 주관개입을 최대한 배제하기 위해 평점법을 택하고 있다. 세항목별 격차율은 총화식, 조건별 격차율은 상승식을 적용한다.

(4) 유의사항

가. 격차율 산정 시 유의사항

격차율표는 용도지대별로 작성되어 있으며, 대상토지가 속하는 인근지역의 표준적인 이용상황에 따라 적정한 용도지대의 격차율표를 선정하여야 한다.

나. 용도지대별 유의사항

① 상업지대
- ㉠ 동일 상권 내에서 접면도로의 폭이 맹지나 세로(불)인 토지를 소로 및 중로 이상인 토지와 비교하는 것을 자제해야 한다.
- ㉡ 상업중심, 교통시설과의 거리 및 편의성은 직선거리 및 접근 편의성, 대상시설이 주는 영향정도를 종합 고려하여 격차를 산정한다.
- ㉢ 유사 상권 외의 지역(예 후면지와 전면지) 비교는 자제하도록 한다.
- ㉣ 위험 및 혐오시설은 시설의 성격 및 직선거리 영향의 정도를 종합적으로 고려한다.

② 주택지대
- ㉠ 가로조건에서 맹지와 소로 이상 비교를 자제한다.
- ㉡ 공공 및 편익 시설과의 접근성은 직선거리 및 편의성 공공시설의 영향의 정도를 종합적으로 고려한다.
- ㉢ 조망 경관이 특히 우세하여 별도 보정이 필요한 경우 그 이유(예 바다 조망, 호수공원 조망, 강조망 등)를 기재한다.
- ㉣ 지역의 위도, 기상조건 등에 따라 일조, 통풍 등에 대한 가치척도가 다르므로, 지역의 실정에 맞는 격차율의 한도 내에서 적절히 수정하여 적용해야 한다.

③ 공업지대
- ㉠ 특수 설비(예 전용부도, 전용선로)의 효용성이 높아 격차율표 이상 보정이 필요한 경우 보정 내역을 기재한다.
- ㉡ 공업 기반시설이 완비되어 비용절감효과 등이 기대된다면 적절하게 지역의 실정에 따라 수정 적용할 수 있다.

④ 농경지대
- ㉠ 현재 농경지로 이용 중이나 향후 주변 환경의 변화가능성, 개발 및 전용가능성 등이 상당 부분 가시화되어 지가에 반영하기 위해 별도 보정이 필요한 경우 보정 내역 및 상세 내용을 기재한다.
- ㉡ 수해 및 기타 재해의 위험성은 3년간 평균 재해 및 수해율을 기준하여 전국 평균치를 기준으로 보정한다.

⑤ 임야지대
- ㉠ 접근조건(인근 취락 및 교통시설과의 접근성), 자연조건(경사도 및 고저: 향후 임야 개발 시 개발비용 크기를 좌우) 등에서 격차율표 이상의 차이가 발생한 경우 보정 내용을 상세하게 기재한다.
- ㉡ 임야지대나 향후 주변 환경의 변화가능성, 개발 및 전용가능성 등이 상당한 부분 가시화되어 지가에 반영이 필요하여 별도 보정을 하는 경우 보정 내역 및 그 상세 내용을 기재한다.
- ㉢ 지역의 위도, 기상조건 등에 따라 일조, 통풍 등에 대한 가치척도가 다르므로, 지역의 실정에 맞는 격차율의 한도 내에서 적절히 수정하여 적용해야 한다.

다. 감정평가서에 격차율 기재 시 유의사항

항목·세항목 단위로 세분하여 표시하는 것이 곤란하거나, 합리적이고 능률적인 평가를 위하여 필요하다고 인정되는 경우 이를 '조건' 단위로 기재할 수 있다.

5) 그 밖의 요인 보정

(1) 규정의 취지

공시지가기준법에 따라 토지를 감정평가할 때 적정한 시점수정·지역요인·개별요인의 비교 과정을 거쳤음에도 불구하고 대상토지의 가치에 영향을 미치는 사항에 대하여 추가적으로 반영해야 할 사항이 있을 수 있다. 이때 그 밖의 요인 보정이 필요하며 보정에 관한 기준을 규정하여 감정평가의 객관성 및 신뢰성을 확보하도록 한다.

(2) 그 밖의 요인 보정의 개념

가. 의의

① 그 밖의 요인이란 시점수정, 지역요인 및 개별요인의 비교 외에 대상토지의 가치에 영향을 미치는 요인을 말한다. 표준지공시지가를 기초가격자료로 하여 공시지가기준법상 일련의 비교과정을 거쳤음에도 기준가치에 도달하지 못한 경우가 발생할 수 있고, 이러한 격차를 보완하기 위하여 그 밖의 요인의 보정이 행해진다.

② 거래사례비교법과의 가장 큰 차이점은 기초가격자료로 활용되는 가격자료의 성격이 상이하기 때문이다.

나. 법적 근거

「감정평가에 관한 규칙」 제14조 제3항 제5호

★ 기출문제

제12회 문제3

토지시장에서 발생하는 불합리한 거래사례는 감정평가 시 이를 적정하게 보정하여야 한다. 현실적으로 보정을 요하는 요인은 어떠한 것이 있으며 이에 대한 의의와 그 보정의 타당성 여부를 논하시오. (20점)

제16회 문제3

「감정평가 및 감정평가사에 관한 법률」 제3조 제1항에는 "토지의 평가는 유사한 이용가치를 지닌다고 인정되는 표준지 공시지가를 기준으로 하여야 한다"라고 규정되어 있으나 표준지 공시지가와 정상거래가격과의 격차가 있는 경우 그 밖의 요인 보정을 적용한다. 그 밖의 요인 보정의 개념을 기술하고, 관련 법령 및 판례 등을 중심으로 그 타당성을 설명하시오. (20점)

제24회 문제3

감정평가이론상 토지평가 방법에는 감정평가3방식이 있으나, 감정평가 및 감정평가사에 관한 법령은 토지의 경우 표준지공시지가를 기준으로 평가하도록 규정하고 있다. 다음의 물음에 답하시오. (20점)

물음 1) 토지평가 시 감정평가3방식을 적용하여 평가한 가치와 표준지공시지가를 기준으로 평가한 가치와의 관계를 설명하시오. (10점)

물음 2) 표준지공시지가가 시장가치를 반영하지 못하는 경우, 표준지공시지가를 기준으로 해야 하는 감정평가에서 발생가능한 문제와 대책을 기술하시오. (10점)

제27회 문제2

감정평가사 甲은 乙주식회사가 소유한 △△동1번지 소재 업무용 빌딩과 △△동1-1번지 나지상태의 토지에 대하여 재무보고목적의 감정평가를 진행하려 한다. 다음 물음에 답하시오. (30점)

물음 3) △△동1-1번지 토지에 대하여 공시지가기준법을 적용하여 시점수정, 지역요인 및 개별요인의 비교 과정을 거쳐 산정된 가액이 기준가치에 도달하지 못하였다고 가정할 경우 공시지가기준법에 따라 甲이 실무적으로 보정할 수 있는 방법에 관해 설명하시오. (5점)

제31회 문제2

토지소유자 甲은 공익사업에 토지가 편입되어 보상액 통지를 받았다. 보상액이 낮다고 느낀 甲은 보상액 산정의 기준이 된 감정평가서 내용에 의문이 있어, 보상감정평가를 수행한 감정평가사 乙에게 다음과 같은 질의를 하였다. 이에 관하여 감정평가사 乙의 입장에서 답변을 논하시오. (30점)

물음 1) 감정평가서에는 공시지가기준법을 주방식으로 적용하여 대상토지를 감정평가하였다고 기재되어 있다. 甲은 대상토지의 개별공시지가가 비교표준지공시지가보다 높음에도 불구하고 개별공시지가를 기준으로 감정평가하지 않은 이유에 관하여 질의하였다. (15점)

Ⅱ. 특수 토지

1. 광천지

1) 개념
광천지란 지하에서 온수·약수·석유류 등이 용출되는 용출구와 그 유지에 사용되는 부지를 의미한다. 다만 온수·약수·석유류 등 일정한 장소로 운송하는 송유관·송수관 및 저장시설의 부지는 제외한다.

2) 평가방법 및 유의사항
① 공시지가기준법: 인근지역 또는 유사지역의 광천지 표준지를 기준으로 평가한다. 이 경우 광천의 종류, 광천의 양과 질, 부근의 개발상태 및 편익시설의 종류와 규모, 사회적 명성, 그 밖의 수익성 등을 고려한다.
② 거래사례비교법: 광천의 종류, 질 및 양의 상태, 부근의 개발상태 및 편익시설의 종류, 규모, 사회적 명성, 기타 수익성 등을 고려하여 평가한다.
③ 원가법

- 공구당 총 가격 ÷ 대상 광천지의 면적
- 공구당 총가격 = 소지가격 + 개발비용 - 광천지에 화체화 되지 않은 건물 등

㉠ 다만, 광천지의 가치는 대상 광천지 온천수의 수질 및 대상 광천지의 지역적, 개별적 요인에 의하여 형성되므로 온천개발비용은 온천수의 수온, 수량, 수질과 구조적으로 비례하여 적용하는 것은 타당하지 않다.
㉡ 개발비용: 굴착, 그라우팅, 동력, 배관, 가설비, 부대비용, 업자이윤 등
④ 수익환원법: 용출량, 온수양탕비용, 방문객 수 등을 파악하여 순수익을 산정한다. 다만 통상적으로 온천업은 숙박업소의 형태이므로 총 수익에서 광천지만의 순수익을 추출해야하나 실무적으로 어렵다.

2. 골프장 용지 등

1) 개념
국민의 건강증진 및 여가선용 등을 위하여 체육활동에 적합한 시설과 형태를 갖춘 골프장의 토지와 부속시설물의 부지를 뜻한다. 골프장은 이용형태에 따라 회원제골프장과 퍼블릭골프장(대중)골프장이 있다.

2) 평가방법 및 유의사항
① 거래사례비교법: 가치형성요인의 유사성(예 골프장의 위치, 교통편의 시설, 개발지 비율, 홀의 수, 회원수 등)을 고려하여 평가한다.
② 원가법: 개발지와 원형보존지의 표준적 공사비 및 부대비용을 기준으로 평가(토지에 화체되지 아니한 건물, 구축물, 수목 등의 가액은 미포함)
③ 수익환원법: 골프장 전체 순수익에서 토지 이외의 건물, 구축물에 귀속되는 수익을 제외한 토지만의 수익을 추출하여 환원하는 방식으로 평가한다.

3) 가치형성요인
① 골프장용지의 위치, 교통편의 및 접근성, 개발지의 비율, 홀의 수, 회원수, 명성 등
② 골프장은 위치, 접근성, 토양·배수·식생, 지형, 전통, 시설관리상태, 코스설계의 적정성 등

4) 유의사항
① 일단지로 평가하되, 개발지와 원형보존지의 구분 및 회원제와 대중제골프장의 구분이 필요하다.
   * 개발지: 골프코스, 주차장 및 도로, 조정지, 조경지, 클럽하우스 등 관리시설의 부지를 뜻한다.
   * 원형보존지: 개발지 이외의 토지로서 해당 골프장의 사업계획 승인 시부터 현재까지 원형상태 그대로 보전이 되고 있는 임야, 늪지 등의 토지를 뜻한다.
② 골프장 면적은 「체육시설의 설치·이용에 관한 법률」상 등록된 면적을 말한다.

3. 공공용지

1) 개념
도시기반시설의 설치에 이용하는 토지 및 주민의 생활에 필요한 시설의 설치를 위한 토지를 의미한다.

2) 평가방법 및 유의사항
① 용도의 제한이나 거래제한 등을 고려한다.
② 용도폐지를 전제로 한 감정평가: 전환 이후의 기대되는 이용상황을 인근지역의 표준적 사용 등을 토대로 판단한다.
③ 국·공유지의 처분 제한: 「국토의 계획 및 이용에 관한 법률」제97조 제1항에 따라 도시·군관리계획으로 결정고시된 국·공유지로서 도시·군관리계획시설사업에 필요한 토지는 도시·군관리계획으로 정하여진 목적 외의 목적으로 매각·양도 불가하다.

4. 사도

1) 개념 – 「사도법」상 "사도"

다음 각호의 도로가 아닌 것으로서 그 도로에 연결되는 길을 말한다.
1. 「도로법」제2조 제1호에 따른 도로
2. 「도로법」의 준용을 받는 도로
3. 「농어촌도로 정비법」제2조 제1항에 따른 농어촌도로
4. 「농어촌정비법」에 따라 설치된 도로

2) 개념 – "사실상의 사도"

「사도법」에 의한 사도외의 도로(예정공도 제외)로 다음 각호의 하나에 해당하는 도로를 말한다.
1. 도로개설 당시의 토지소유자가 자기 토지의 편익을 위하여 스스로 설치한 도로
2. 토지소유자가 그 의사에 의하여 타인의 통행을 제한할 수 없는 도로
3. 「건축법」제45조에 따라 건축허가권자가 그 위치를 지정·공고한 도로
4. 도로개설당시의 토지소유자가 대지 또는 공장용지 등을 조성하기 위하여 설치한 도로

※ 관련 판례
어느 토지가 토지보상법 시행규칙 제26조 제2항 제1호에 규정된 '도로개설 당시의 토지소유자가 자기 토지의 편익을 위하여 스스로 설치한 도로'에 해당하려면, 토지 소유자가 자기 소유 토지 중 일부에 도로를 설치한 결과 도로 부지로 제공된 부분으로 인하여 나머지 부분 토지의 편익이 증진되는 등으로 그 부분의 가치가 상승됨으로서 도로 부지로 제공된 부분의 가치를 낮게 평가하여 보상하더라도 전체적으로 정당보상의 원칙에 어긋나지 않는다고 볼 만한 객관적인 사유가 있다고 인정되어야 하고, 이는 도로개설 경위와 목적, 주위 환경, 인접 토지의 획지 면적, 소유관계 및 이용 상태 등 제반 사정을 종합적으로 고려하여 판단할 것이다(대법원 2013.6.13. 선고 2011두7007 등 참조).

3) 평가방법 및 유의사항

① 사도가 인근토지와 함께 의뢰된 경우: 인근토지와 사도부분의 감정평가액 총액을 전면적으로 균등배분하여 감정평가하고 그 내용을 감정평가서에 기재해야 한다.
② 사도만 의뢰된 경우
  ㉠ 해당 토지로 인하여 효용이 증진되는 인접토지와의 관계를 고려: 사도 자체 효용은 낮지만 인접토지는 해당 사도로 인하여 효용이 증진될 수 있는 점을 고려해야 한다.
  ㉡ 용도의 제한이나 거래제한 등에 따른 적절한 감가율: 용도제한, 특별한 사정이 없는 한 일반인의 통행을 제한하거나 금지할 수 없는 점 등을 고려하여 감가할 수 있다.
  ㉢ 「공익사업을 위한 토지 등의 취득 및 보상에 관한 법률 시행규칙」 제26조 준용: 인근토지의 1/3 이내로 평가하거나 현실적인 감가율을 고려하여 평가할 수 있다.

4) 가치형성원리

도로의 가치는 도로의 개설에 따라 도로를 이용하는 토지에 이전된다고 보는 화체(化體)이론에 근거하고 있다. 토지화체이론의 관점에서 도로는 인접 토지의 잠재적 효용을 실현시키고, 접근성과 가시성을 제공함으로써 토지의 효율적 이용을 가능하게 한다. 도로의 사용가치는 매우 높으나, 도로로 접근할 토지가 없으면 그 사용가치도 없어지게 된다. 즉 도로의 개설로 효용이 높아진 토지의 가치는 높게 형성되는 반면, 도로 자체의 독립된 교환가치는 낮다. 따라서 화체이론에 근거하여 도로는 낮게 평가된다.

5. 공법상 제한을 받는 토지

1) 개념

관계법령의 규정에 의한 토지이용 및 처분 등의 제한을 의미한다. 토지에 사용·수익·제한에 영향을 미치는 정도를 고려하여 평가하는 방법이다.

2) 공법상 제한의 유형

① 일반적 제한: 공법상 제한이 해당 공익사업의 시행을 직접 목적으로 하여 가해진 것이 아닌 경우로 일반적 제한 그 자체로 목적이 완성되고 구체적인 사업의 시행이 필요치 않은 계획제한을 의미한다(예 용도지역·용도지구 등).
② 개별적 제한: 공법상 제한이 해당 공익사업의 시행을 직접 목적으로 하여 가하여진 경우나 그 제한이 구체적인 사업의 시행을 필요로 하는 계획제한으로 특별제한이라고도 한다(예 도시계획시설 저촉 등).

3) 평가방법 및 유의사항

① 원칙: 비슷한 공법상 제한상태의 표준지공시지가를 기준으로 평가한다.
② 제한받지 않는 잔여부분의 단독이용가치가 희박한 경우: 해당 토지 전부가 그 공법상 제한을 받는 것으로 감정평가한다.
③ 둘 이상의 용도지역에 걸쳐 있는 토지: 용도지역별 단가를 면적비율에 따라 가중평균하여 평가한다. 단, 용도지역을 달리하는 부분의 면적이 현저히 과소한 경우 주된 용도지역 기준한다.

4) 가치형성원리

토지의 경제적 가치는 그 토지가 제공할 수 있는 최대 효용에 의해 결정되는데, 공법상 제한은 이러한 효용의 범위와 수준을 직접적으로 규정하는 핵심 요소로 작용한다. 공법상 제한으로 인하여 토지의 활용도가 낮아지고 시장가치가 감소한다. 시장 참여자들은 동일한 효용을 제공할 수 있는 대체재 토지와 비교하여 공법상 제한으로 인한 효용 감소분을 가격에 반영한다.

6. 일단으로 이용 중인 토지(참고 규정: 「표준지공시지가 조사·평가기준」 제20조)

1) 일단지의 개념
① 지적공부상 2필지 이상의 토지가 일단을 이루어 같은 용도로 이용되는 것이 사회적·경제적·행정적 측면에서 합리적이고 대상토지의 가치형성 측면에서 타당하다고 인정되는 등 용도상 불가분의 관계에 있는 토지를 의미한다.
② 판례상 '용도상 불가분의 관계': 일단의 토지로 이용되고 있는 상황이 사회적·경제적·행정적 측면에서 합리적이고 당해 토지의 가치형성적 측면에서도 타당하다고 인정되는 관계에 있는 경우를 의미한다.

2) 일단지의 판단기준
① 사회적(시장참가자의 일반적인 시각), 경제적(개별필지보다 일단지 이용이 경제성 우세), 행정적(관련 법·제도상 일단지 이용이 가능한지 여부) 측면에서 검토한다.
② 당해 토지의 가치형성적 측면에서 타당성은 시장 참여자들의 거래 행태를 보아 일단의 토지로서의 일체적 이용이 시장에서 실제로 '경제적 효용'을 가지며, 그 효용이 가치에 반영되고 있다는 것을 검토한다.
③ 최근 대법원은 각 토지는 일단의 토지로 이용되는 것이 사회적·경제적·행정적 측면에서 합리적이고, 위 각 토지의 가치 형성적 측면에서도 타당하다고 인정되므로, 그 용도상 불가분 또는 거래상 일체성의 관계가 인정되는 경우에 해당하여 이를 일괄평가함이 상당하다고 판시하여, 두 필지가 하나의 건물 부지가 아니라 할지라도 일단으로 평가하는 것이 현실에 부합하다고 하였다.

3) 일단지의 평가방법 및 유의사항
① 특별한 사정이 없는 한 그 일단의 토지 전체를 1필지로 보고 토지 특성을 조사하여 그 전체에 대하여 단일한 가격으로 일괄감정평가 한다.
② 유의사항
　㉠ 토지소유자의 동일성: 소유자가 상이하더라도 「민법」상의 공유관계, 거래를 통한 소유권 이전의 진행 등 경우에 일단지로 볼 수 있다.
　㉡ 지목의 일치성 여부: 지목 분류에 따른 지목의 동일성 여부는 불필요하다.
　㉢ 일시적 이용상황: 주위환경 등을 고려 시 최유효이용상태가 아닌 경우 일단지로 보지 않는다(예 가설건축물의 부지, 조경수목재배지, 조경자재제조장, 골재야적장, 간이체육시설용지 등).
　㉣ 건축물 존재 여부 및 인정시점: 「표준지공시지가 조사·평가기준」에 따르면 건축 중에 있는 토지와 공시기준일 현재 나지상태이나 건축허가 등을 받고 공사를 착수한 때에는 토지소유자가 다른 경우에도 일단지로 본다고 규정하고 있다.
　㉤ 관계 법령에 의한 인허가 여부: 일단 토지상 건축물의 건축, 공익사업의 시행 등 관계 인허가의 발령여부를 고려하여 판단함에 유의해야 한다.

7. 지상 정착물과 소유자가 다른 토지

1) 개념
토지 소유자와 지상의 건물 등 정착물의 소유자가 다른 경우에는 해당 토지는 그 정착물이 토지에 미치는 영향을 고려하여 감정평가한다. 부동산의 경제적 가치는 권리이익의 총합으로 볼 수 있다. 따라서 토지와 건물 간에 불일치하는 소유 관계로 인하여 토지의 이용 등에 제한을 받을 수 있으며, 이러한 제한에 대한 감가를 고려하여야 한다.

2) 토지와 지상 정착물의 소유권 관계의 중요성
① 토지와 지상 정착물의 소유권이 상이한 경우 법정지상권이 설정될 수 있으며, 이는 토지의 잠재적 이용가치를 제약하는 요인으로 작용한다.
② 법정지상권이란 당사자의 설정계약에 의하지 않고 법률의 규정에 의하여 당연히 인정되는 지상권을 말한다 (예 「민법」 제305조 제1항 및 제366조 제1항, 「입목에 관한 법률」 제6조, 「가등기담보 등에 관한 법률」 제10조 등).
③ 우리나라 「민법」이 토지와 건물을 별개의 부동산으로 취급한 결과 발생될 수 있는 현실적인 권리의 분할양상이다.

3) 평가방법
① 타인소유의 건물이 존재함에 따른 제약의 정도를 반영하여 평가한다.
② 지상권이 설정된 토지의 거래사례 등을 조사하여 지상권에 의한 제한정도를 분석하여 대상토지에 반영한다.

8. 제시외 건물 등이 있는 토지

1) 개념
① 제시외 건물이란 종물과 부합물을 제외하고 의뢰인이 제시하지 않은 지상 정착물을 의미한다. 여기서 말하는 종물(예 부속창고 및 화장실 등)과 부합물(예 건물의 증축 부분 등)은 대장에 등재되었음을 전제로 한다고 볼 수 있으며, 현실적으로 공부상 등재되지 않은 종물과 부합물을 제시외 건물로 취급한다.
② 토지만 의뢰된 경우 그 지상건물, 구축물 등이 해당한다.
③ 토지와 건물이 함께 의뢰된 경우 대상물건의 종물이나 부합물이 아닌 것으로서 독립성이 강한 물건이다.

2) 제시외 건물 등이 소재하는 토지의 감정평가
① 원칙: 지상정착물과 소유자가 다른 토지 감정평가 준용
② 예외: 국·공유지의 처분을 위한 감정평가의 경우 지상 정착물이 있는 것에 따른 영향을 고려하지 않는다. 보통 지상의 건축물 소유자에게 수의계약을 통해 매각하는 경우가 일반적이므로, 제한을 고려하여 평가하게 될 경우, 국공유재산을 이용하는 자에게 저가로 매각하게 되는 오류가 발생하기 때문이다.

9. 공유지분토지(참고 규정: 「민법」 제262조)

1) 공유지분 토지 및 구분소유적 공유의 개념
① 공유지분토지: 「민법」 제262조상 공유는 물건의 지분에 의하여 수인의 소유로 귀속되고 있는 공동소유의 형태를 말한다. 공유지분토지는 하나의 토지를 2인 이상의 수인이 공동으로 소유하고 각 공유자가 지분을 갖고 있는 토지를 의미한다.
② 구분소유적 공유: 1필지의 토지 중 위치, 면적이 특정된 일부를 양수하고서도 분필에 의한 소유권이전등기를 하지 않은 채 편의상 그 필지의 면적에 대한 양수부분의 면적비율에 상응하는 공유지분등기를 경료한 경우가 대표적이다.
③ 관련 판례: 공유자 간 공유물을 분할하기로 약정하고 그 때부터 자신의 소유로 분할된 각 부분을 특정하여 점유·사용하여 온 경우, 공유자들의 소유형태는 구분소유적 공유관계이다.

2) 평가방법 및 유의사항
① 원칙(지분비율 기준): 대상토지 전체 가액 × 지분비율
② 구분소유적 공유 관계인 경우: 지분의 위치 확인이 가능한 경우 그 위치에 따라 감정평가할 수 있다.

3) 공유지분 토지의 위치확인방법 및 고려사항
공유지분자 전원 및 인근 공유지분자 2인 이상의 위치확인 동의서, 건부지의 경우 건축물현황도면, 상가·빌딩 관리사무소 등에 비치된 위치도면

10. 지상권이 설정된 토지(참고 규정: 「공익사업을 위한 토지 등의 취득 및 보상에 관한 법률 시행규칙」 제29조)

1) 개념
① 지상권이란 타인의 토지에 건물, 기타 공작물이나 수목을 소유하기 위하여 그 토지를 사용할 수 있는 물권을 의미한다. 지상권이 설정되면 그 토지의 사용 및 수익이 제한되므로 감정평가시 이를 반영하여야 한다.
② 구분지상권은 제3자가 토지를 사용·수익할 권리를 가진 때에도 그 권리자 및 그 권리를 목적으로 하는 권리를 가진 자 전원의 승낙이 있으면 이를 설정할 수 있다.
③ 지상권 설정 효과: 지상권의 설정으로 지상 또는 지하의 일부 공간을 독점적·배타적으로 이용이 가능하며, 이로 인해 토지의 입체적, 집약적 이용에 제약이 가해질 수 있다.

2) 유형
① 지상권
② 법정지상권: 비자발적
③ 구분지상권: 자발적 계약과 공간의 설정에 따른 분류

3) 평가방법 및 유의사항
① 지상권이 설정되지 않은 상태로의 토지가액에서 해당 지상권에 따른 제한정도 등을 고려하여 감정평가한다.
  ㉠ 지상권의 가치를 구하여 차감: 시장의 적정임료와 실제 지불임료의 차액을 지상권 존속기간 동안 할인 현가하여 지상권의 가치를 책정한다.
  ㉡ 제한의 정도를 감안한 일정비율 적용: 제한의 정도에 따른 감가비율을 시장의 거래사례 등을 활용해 추정한다.
② 저당권자가 채권확보를 위하여 설정한 지상권의 경우: 저당권자가 해당 토지의 배타적인 사용·수익을 위한 것이 아니라 단순하게 채권확보를 목적으로 설정한 것이기에 이에 구애 없이 평가한다.

11. 규모가 과대하거나 과소한 토지(참고 규정: 「건축법」 제57조(대지분할제한), 「건축법 시행령」 제80조)

1) 개념
규모가 과대하거나 과소한 토지란 해당 토지가 속해 있는 시장지역에서 일반적으로 사용하는 표준적 규모보다 훨씬 더 크거나 작다고 인식되는 토지이다.

2) 토지의 가치와 규모의 관계
토지의 가치는 면적의 크기에 따라 달라질 수 있으며, 최유효이용 면적일 때 시장성이나 효용성이 가장 높게 형성될 수 있다.
이때 최유효이용면적의 판단기준은 인근 건부지의 표준적인 면적, 도시계획 지역·지구제의 내용, 건축허가 가능면적 및 제한 조건, 기타 법적인 규제내용, 거래관행 등이 있다.

3) 평가방법 및 유의사항
토지의 면적이 최유효이용 규모에 초과하거나 미달하는 경우 대상물건의 면적과 비슷한 규모의 표준지공시지가를 기준으로 감정평가한다. 다만, 그러한 표준지공시지가가 없는 경우 규모가 과대하거나 과소한 것에 따른 불리한 정도(예 시장성, 건축허가 제약여부 등)를 개별요인 비교 시 고려해 평가한다.

① 규모가 과소한 토지
  ㉠ 건축이 불가능한 경우: 「건축법」상 최소대지면적으로 독자적인 건축이 불가능할 경우 표준적인 규모의 토지보다 낮은 수준이 가격이 형성될 수 있으나, 인접토지와의 합필 등을 통한 기여도가 높은 경우 한정가치가 형성되어 표준적인 규모의 토지가격을 상회할 수 있음에 유의한다.
  ㉡ 건축이 가능한 경우: 도시계획시설의 설치 또는 구획정리사업의 시행으로 최소대지 규모에 미달되는 토지가 건축완화 규정이 적용될 경우 인근지역의 표준적인 제한을 받는 표준적 규모의 토지가격보다 높은 수준의 가치가 형성될 수 있음에 유의한다.

② 규모가 과대한 토지
  ㉠ 증가요인으로 볼 경우: 인근지역이 성숙중인 상가 지역이거나, 도심지내에 아파트 용지 등으로 이용할 수 있어, 시장에서 상대적 희소성이 인정될 경우, 표준적 규모의 토지보다 높은 수준의 가치가 형성될 수 있다.
  ㉡ 감가요인으로 볼 경우: 대규모 토지의 상대적 희소성이 지지되지 못할 경우(예 인근지역의 쇠퇴기 등), 주변의 표준적인 이용방법과 유사한 규모로 분할함에 따른 감보율 및 분할비용에 상당하는 감가를 반영하여 평가한다.

12. 맹지(참고 규정: 「민법」 제219조, 제220조)

1) 개념
맹지란 원칙적으로 도로와 직접 접하지 않고 주위가 모두 타인의 토지로 둘러싸여 있어 「건축법」상 대지가 될 수 없는 토지를 말한다. 맹지는 건물부지로 이용되지 않는 한, 그리고 진입로의 개설가능성이 없는 한 가치가 낮게 형성된다. 맹지는 독자적인 이용가치가 낮기 때문에 인접토지와의 관계가 당해 토지의 가치형성에 중요하게 작용한다.

2) 토지의 가치와 접면도로의 관계
맹지란 원칙적으로 도로와 직접 접하지 않고 주위가 모두 타인의 토지로 둘러싸여 있어 「건축법」상 대지가 될 수 없는 토지를 말한다. 맹지는 건물부지로 이용되지 않는 한, 그리고 진입로의 개설가능성이 없는 한 가치가 낮게 형성된다.

3) 평가방법
① 현황평가하는 경우: 맹지의 이용 상황이 농지·임야 등으로 현재 상태로 이용에 문제가 없고 인근지역 상황으로 보아 최유효이용인 경우, 현황 맹지로서의 이용에 따른 가치로 평가한다.
② 진입로 개설 비용을 감안한 평가
 ㉠ 도로의 개설 가능성이 비교적 높은 경우 진입로 개설을 전제로 토지의 가치를 평가한 후, 도로개설에 필요한 비용(예 진입로 부지의 취득원가, 공사부대비용, 각종 인허가 비용 등)을 공제하여 평가한다.
 ㉡ 진입로 개설에 소송 등으로 장기간 소요될 것이 예상된다면 진입로 개설 실현시기까지의 기회비용을 감안하여 적정한 할인율로 할인하여 현재가치로 환산한다.
③ 인접토지 합병 조건부 평가: 합병 가능성이 가장 높은 토지를 매수한다는 가정하에, 해당 맹지와 인접토지의 합병 후 획지를 기준한 평가액에서 합병 전 인접토지의 평가액을 공제하고 적정한 감가율(합병을 통한 증분가치)을 적용하여 감정평가액을 결정한다.

4) 유의사항
① 관습상 도로가 개설되어 있는 경우 / 지역권 등이 설정되어 있는 경우: 맹지에 따른 감가정도가 없거나 극히 낮은 수준으로 반영한다. 다만 모두 현황도로로 인정되는 것은 아니므로 면밀하게 검토하여야 한다.
② 도로개설 가능성이 높은 맹지의 경우: 구거에 접한 경우 구거점용허가를 득하여 구거를 진입로로 활용할 수 있기 때문에 감가의 정도를 낮게 산정할 수 있다. 이 경우 진입로가 개설된 상태의 토지가액에서 구거 점용허가비, 포장비용 등을 감안하여 평가할 수 있다.
③ 인접 토지가 동일인 소유인 경우: 인접 토지를 통하여 출입하며 토지의 사용·수익 등에 제한이 없는 경우 감가의 정도 극히 낮은 수준으로 반영한다.

13. 고압선 등 통과 토지

1) 개념
① 고압선: 송전 효율을 높이기 위해 높은 전압으로 전력을 보내는 것을 목적으로 하는 송전선과 배전선을 뜻한다.
② 고압선등이 통과하는 토지: 해당 토지 전부 또는 일부에 고압선이 통과하는 토지를 의미한다.
③ 선하지 범위: 전선로용지 범위에 따라 전선로 중 양측 최외선으로부터 수평으로 3m 이내의 거리를 각각 더한 범위 내에 있는 직하의 토지를 의미한다(일정한 경우 3m를 초과하는 경우 있음).

2) 고압선등 통과 토지의 감가 요인
① 건축 및 시설제한: 특별고압전선과의 거리에 따른 건축물의 이격거리, 고압전선의 지표상의 높이제한 등
② 위험시설로서의 심리적 부담: 전파장애, 송배전 시 수반되는 소음으로 인한 불쾌감, 전선의 단락이나 과전류로 인한 감전사고의 위험 상존, 조망 및 경관이 저해 등으로 소유자의 심리적·정신적 고통을 유발한다.
③ 등기사항전부증명서상 하자: 등기에 지상권 설정 시 사용수익에 제약이 있다(예 담보대출 시 특수물건으로 담보인정비율이 낮아지거나, 대출금 산정 시 공제항목으로 작용 등).
④ 입체이용저해: 건축물의 높이 제약으로 작용하여 지상의 입체적 이용을 통한 수익창출공간이 제한된다.
⑤ 장래 기대이익의 상실: 장래에 있을 토지의 입체이용에서 오는 기대이익의 상실 또는 감소는 감가요인이 된다.
⑥ 기타 감가요인: 토지의 중심선 통과로 잔여토지의 이용형태가 불량 등

3) 평가방법
① 제한을 감안한 감정평가방법: 가치형성제약요인을 감안하여 평가한다. 통과전압의 종별 및 송전선의 높이, 선하지 부분의 면적 및 획지 내의 통과위치, 건축 및 기타시설의 규제정도, 구분지상권의 유·무, 철탑 및 전선로의 이전가능성 및 그 난이도, 고압선등이 심리적·신체적으로 미치는 영향정도, 장래 기대이익의 상실정도, 기타 이용상의 제한 정도 등이 있다.
② 감가액을 공제하는 감정평가방법: 고압선등 통과부분의 직접적인 이용저해율과 잔여부분에서의 심리적·환경적인 요인의 감가율을 파악할 수 있는 경우 각각의 적정 비율을 결정하여 감가율로 산정한다. 이후 고압선등이 통과하지 아니한 것을 상정한 토지가액에 해당 감가율을 적용하여 산정한 감가액을 공제하는 방식으로 평가한다.

14. 택지 등 조성공사 중에 있는 토지(관련규정: 「표준지공시지가 조사·평가기준」 제33조, 제34조)

1) 개념
후보지 또는 이행지로 용도의 변화가 예상되는 토지이다. 토지의 용도에 따라 가치는 달리 형성되므로 조성의 정도를 고려하여 적정한 가액으로 감정평가가 요구된다.

2) 평가방법
① 조성 중인 상태대로의 가격이 형성되어 있는 경우: 비교방식 등을 통하여 감정평가할 수 있다.
② 조성 중인 상태대로의 가격이 형성되어 있지 아니한 경우: 조성 전 토지의 소지가액, 기준시점까지 조성공사에 소요된 비용상당액, 공사진행정도, 택지조성에 걸리는 예상기간 등을 종합적으로 고려하여 감정평가한다.
  ㉠ 가산방식에 의한 평가

  $$\frac{\text{소지가} + \text{조성공사비} + \text{공익시설부담금} + \text{판관비} + \text{농지조성비등} + \text{개발업자이윤}}{\text{유효택지}}$$

  ⓐ 소지가: 소지의 매입에 따른 부대비용, 취득가액 결정의 기준시점
  ⓑ 조성공사비: 도급방식을 기준으로 한 표준적인 건설비
  ⓒ 공공·공익시설부담금: 도로, 상·하수도시설 등의 간접시설에 대한 공사비. 조성택지의 효용증가와 관계성 여부를 검토하여 반영
  ⓓ 판매비: 조성택지의 분양에 따른 광고선전비 기타 판매에 소요된 비용
  ⓔ 관리비: 기업의 유지를 위한 관리업무부분에서 발생하는 제비용
  ⓕ 개발업자의 적정이윤: 개발기간 동안의 투하자본에 대한 자본비용에 기업의 경영 위험 및 재무위험을 고려하여 결정(기회비용원리)
  ⓖ 유효택지율: 총사업면적에 대한 분양가능면적 비율(분양가능면적이란 총사업면적에서 공공시설용지를 공제한 용지)

  ㉡ 개발법에 의한 토지평가
  ⓐ 대상토지를 개발할 경우 예상되는 총 매매(분양)가격의 현재가치에서 개발비용의 현재가치를 공제한 값을 토지가치로 결정한다. DCF법의 논리를 이용하여 토지가액을 산정한다.
  ⓑ 공사기간별 투입비용의 산정과 분양기간에 따른 분양물량의 시장 흡수율을 분석하여 분양 기간별로 예상 분양수입을 적절히 추정해 내는 것이 토지가액의 정확성을 좌우한다. 시장분석이 필수적으로 요구된다.

3) 환지방식에 의한 사업시행지구 안에 있는 토지의 감정평가
가치형성요인 판단 기준점에 유의하여 평가한다.
① 환지처분 이전에 환지예정지로 지정된 경우: 환지예정지의 위치, 확정예정지번(블록 또는 롯트), 면적, 형상, 도로접면상태와 그 성숙도 등을 고려하여 평가한다. 다만, 환지면적이 권리면적보다 큰 경우 청산금이 미납된 경우 권리면적을 기준한다.
② 환지예정지로 지정 전인 경우: 종전 토지의 위치, 지목, 형상, 이용상황 등을 기준으로 평가한다.

4) 택지개발사업시행지구 안에 있는 토지
① 택지개발사업실시계획 승인고시일 이후 택지로서 확정예정지번이 부여된 경우: 환지예정지 지정된 경우 준용
② 택지로서의 확정예정지번이 부여되기 전인 경우: 종전 토지 이용상황 등을 기준으로 공사의 시행정도 등을 고려하되, 용도지역이 변경된 경우에는 변경된 용도지역을 기준으로 한다.

15. 석산

1) 개념
「산지관리법」에 따른 토석채취허가를 받거나 채석단지의 지정을 받은 토지, 「국토의 계획 및 이용에 관한 법률」에 따른 토석채취 개발행위허가를 받은 토지 또는 「골재채취법」에 따른 골재채취허가(육상골재에 한함)를 받은 토지이다.

2) 평가방법
① 주방식 – 수익환원법: 허가기간 동안의 순수익을 환원한 금액에서 장래 소요될 기업비를 현가화한 총액과 현존 시설의 가액을 공제하고 토석채취 완료시점의 토지가액을 현가화한 금액을 더하여 감정평가한다.
② 부방식 – 공시지가기준법, 거래사례비교법: 수익환원법으로 감정평가하는 것이 곤란하거나 적절하지 아니한 경우에는 토석의 시장성, 유사 석산의 거래사례, 평가사례 등을 고려하여 공시지가기준법 또는 거래사례비교법으로 감정평가할 수 있다.

3) 유의사항
① 토석채취 완료시점의 토지가액을 현가화한 금액은 허가기간 말의 토지현황(관련 법령 또는 허가의 내용에 원상회복·원상복구 등이 포함되어 있는 경우는 그 내용을 고려한 것을 말함)을 상정한 기준시점 당시의 토지 감정평가액으로 한다.
② 석산의 감정평가액은 합리적인 배분기준에 따라 토석(석재와 골재)의 가액과 토지가액으로 구분하여 표시할 수 있다.

★ 기출문제

1. 일단지
제20회 문제3

일단지(一團地)평가에 관한 다음 물음에 답하시오. (20점)

물음 1) 일단지의 개념과 판단 시 고려할 사항에 대하여 설명하시오. (10점)

물음 2) 일단지 평가가 당해 토지가격에 미치는 영향을 설명하고, 일단지평가의 사례 3가지를 서술하시오. (10점)

제36회 문제1

다음 자료를 참고하여 물음에 답하시오. (단, 각 물음은 서로 독립적임) (40점)

> 가) 농업인인 甲은 거주 목적의 단독주택을 신축하기 위해 A광역시 B군에 소재하는 토지 2필지를 매수하고 소유권이전등기를 한 후, 건축비용 마련을 위해 금융회사에 담보대출을 신청함
> 나) 매매계약일: 2024.06.01., 매매대금: 2억원, 소유권이전등기일: 2025.06.01.
> 다) 매매대상토지의 내용은 다음과 같음(매매계약일 기준)
>
> | 구분 | 면적(m²) | 지목 | 용도지역 | 비고 |
> |------|---------|------|---------|------|
> | 토지 1 | 200 | 과수원 | 자연녹지지역 | 수령 약 20년생 복숭아나무 15주 소재 |
> | 토지 2 | 300 | 임야 | 자연녹지지역 | 관상수로 식재한 수고 약 10m의 소나무 10주 소재 |
>
> 라) 매매대상토지는 서로 접한 토지로서 자연취락과 인접한 남측하향 완경사지대에 위치함
> 마) 매도인은 매매대상토지를 하나의 대지로 하여 2023.12.01. 단독주택 건축허가를 받았고, 건축공사에 착수하지는 않았음
> 바) 매매계약의 특약사항으로 매매대상토지에 소재하는 나무도 매매대상물건에 포함되며, 매도인은 건축허가와 관련된 일체의 권리에 대해 매수인에게 무상으로 양도하기로 함
> 사) 금융회사는 매매대상토지에 대해 감정평가사 乙에게 담보목적의 감정평가를 의뢰함
> 아) 기준시점(2025.7.1.) 현재 甲은 B군수로부터 건축관계자명의변경신고필증을 교부받았음
> 자) 인근지역에 소재하는 단독주택의 표준적인 획지는 대지면적이 500m² 내외임

물음 1) 乙은 대상물건의 일단지 성립여부를 분석하고 있다. 일단지 성립을 긍정하는 입장에서 그 근거를 논하시오. (15점)

2. 토지의 입체이용

제1회 문제3

토지의 입체이용률에 대하여 약술하시오. (10점)

제2회 문제3

구분지상권 평가원리 (10점)

제7회 문제5
공중권(空中權)의 이용방법과 평가방법에 관하여 설명하시오. (10점)

제10회 문제6
한계심도 (5점)

제20회 문제1
지상권이 설정된 토지가 시장에서 거래되고 있다. 이와 관련된 다음 물음에 답하시오. (40점)

물음 1) 위 토지의 담보평가 시 유의할 점과 감가 또는 증가요인을 설명하시오. (15점)

물음 2) 위 토지의 보상평가 시 검토되어야 할 주요 사항을 설명하시오. (10점)

물음 3) 감정평가목적에 따라 감정평가액의 차이가 발생할 수 있는 이유를 감정평가의 기능과 관련하여 논하시오. (20점)

제22회 문제1

부동산의 가치는 여러 가지 요인에 의해 영향을 받기 때문에 감정평가사는 대상부동산의 개별적인 특성뿐만 아니라 정부의 정책과 부동산시장변화에 대해서도 이해할 필요가 있는 바, 다음의 물음에 답하시오. (40점)

물음 1) 최근 전력난을 완화하기 위한 초고압 송전선로 설치가 빈번하게 발생하고 있으며 이를 둘러싼 이해관계자들의 갈등도 증폭되고 있는데, 이와 관련된 선하지 보상평가방법과 송전선로 설치에 따른 '보상되지 않는 손실'에 대해 설명하시오. (15점)

3. 규모가 과대하거나 과소한 토지

제32회 문제3

광평수 토지란 해당 토지가 속해 있는 시장지역에서 일반적으로 사용하는 표준적 규모보다 훨씬 더 크다고 인식되는 토지로서, 최근에 대단위 아파트 단지개발 및 복합용도개발 등으로 광평수 토지에 대한 감정평가가 증가하고 있다. 이와 관련한 다음 물음에 답하시오. (20점)

물음 1) 광평수 토지면적이 해당 토지의 가치에 미치는 영향을 감가와 증가로 나누어 설명하시오. (10점)

물음 2) 광평수 토지의 최유효이용이 단독이용인 경우 감정평가방법에 대해 설명하시오. (10점)

4. 조성 중인 토지

제26회 문제2

물음 2) 주거용 건물을 신축하기 위해 건축허가를 득하여 도로를 개설하고 입목을 벌채중인 임야를 평가하고자 한다. 개발 중인 토지의 평가방식에는 공제방식과 가산방식이 있다. 공제방식은 개발 후 대지가격에서 개발에 소요되는 제반비용을 공제하는 방식이고, 가산방식은 소지가격에 개발에 소요되는 비용을 가산하여 평가하는 방식이다. 두 가지 방식에 따른 감정평가금액의 격차가 클 경우 보상평가, 경매평가, 담보평가에서 각각 어떻게 평가하는 것이 더 적절한지 설명하시오. (10점)

> **제30회 문제1**
>
> 공기업A는 소지를 신규취득하고 직접 조성비용을 투입하여 택지를 조성한 후, 선분양방식에 의해 주택공급을 진행하려고 하였다. 그러나「주택공급에 관한 규칙」의 변경에 따라 후분양방식으로 주택을 공급하려고 한다. 다음의 물음에 답하시오. (40점)
>
> 물음 1) 선분양방식으로 진행하려는 시점에서 A사가 조성한 택지의 감정평가방법을 설명하시오. (10점)
>
> 물음 2) 상기 개발사업을 후분양방식으로 진행하면서 택지에 대한 감정평가를 실시한다고 할 경우, 최유효이용의 관점에서 감정평가방법을 제안하시오. (10점)
>
> 물음 3) '예상되는 분양대금에서 개발비용을 공제하여 대상획지의 가치를 평가'하는 방법에서 분양대금의 현재가치 산정과 개발비용의 현재가치 산정 시 고려할 점을 설명하시오. (20점)

III. 건물의 감정평가

1. 정의

건물이란 토지에 정착하는 공작물 중 지붕과 기둥 또는 벽이 있는 것과 이에 부수되는 시설물, 지하 또는 고가의 공작물에 설치하는 사무소, 공연장, 점포, 차고, 창고, 그 밖에「건축법 시행령」으로 정하는 것을 말한다.

2. 자료의 수집 및 정리

1) 사전조사와 실지조사

사전조사	등기사항전부증명서, 건축물대장 등 ① 소재지, 지번, 용도, 구조, 지붕 ② 용도지역·지구 등 공법상 제한사항 ③ 건폐율과 용적률, 준공 및 사용승인일자, 그 밖의 참고사항
실지조사	사전에 조사된 사항을 기초로 현장에서 확인 ① 건물의 구조, 용도 및 면적, 기초와 용재 ② 시공 및 관리상태, 부대시설 ③ 실측을 통한 지적도상 건물의 위치 확인 ④ 그 밖의 참고사항

2) 건물 가격자료의 수집 및 정리

① **원가자료**: 도급공사비, 실적공사비, 건물신축단가표 등(건물의 표준단가, 부대설비 보정단가 산정에 활용)
② **거래사례**: 분양가격에 건물VAT 포함 여부, 월임대료의 내용, 관리비에 건물VAT 포함 여부 등 확인
③ **임대사례**: 임대수익, 임대보증금, 보증금운용이율, 기타 수익, 총비용 등
④ **수익자료**: 수익률, 성장률, 현금흐름추정자료 등
⑤ **시장자료**: 경제성장률, 건축공사비지수, 물가상승률, 금리, 환율 등
⑥ 그 밖에 감정평가액 결정에 참고가 되는 자료

3) 면적사정

(1) 면적사정의 원칙 및 기준

원칙적으로 대상 건물의 건축물대장상의 면적을 기준으로 하되, 현장조사결과와 실제면적과 건축물대장상 면적이 현저하게 차이가 나는 경우 등에는 실제면적을 기준으로 할 수 있다.

(2) 공부상 면적과 실제면적이 다른 경우

① **현장조사결과와 실제면적과 건축물대장상 면적이 현저하게 차이가 나는 경우**
  ㉠ 건축물대장상 면적보다 과소: 물적 동일성이 부정되지 않는 범위에서 의뢰인에게 알리고 면적 확정한다.
  ㉡ 건축물대장상 면적보다 과다: 물적 동일성이 부정되지 않는 범위에서 과다면적이 적법한 것인지에 따라 달리 처리한다.

② **의뢰인이 실제면적을 제시하여 이를 기준으로 감정평가할 것을 요청한 경우**
제시된 실제 면적이 적법성이 인정되는 면적(예 증축 등)인지 검토 후 반영

③ **실제 면적의 기준**
실제면적은 바닥면적으로 하되 건축물 각 층 또는 그 일부로서 벽, 기둥, 그 밖에 이와 비슷한 구획의 중심선으로 둘러싸인 부분의 수평투영면적을 실측에 의하여 산정한다.

4) 유의사항

① **건물의 면적 및 구조의 불일치**
증축·개축 등의 사유로 공부상 면적 및 구조와 실지조사 결과가 현저히 상이한 경우 물적 동일성이 부정되어 소유권이 인정되지 않을 수 있으므로, 의뢰인에게 알리고 감정평가 가부를 결정한다.

② **소재·지번의 불일치**
동일한 지번임이 확인 가능하거나 동일한 건물임을 인정할 수 있는 자료의 확보가 가능하여 건물의 사용·수익 등에 지장이 없는지 파악에 유의하여 감정평가 가부를 검토한다.

3. 건물의 감정평가방법

(1) 건물의 감정평가방법(「감정평가에 관한 규칙」 제15조)

원가법을 주된 방법으로 적용하되, 원가법의 적용이 곤란하거나 부적절한 경우 다른 감정평가방법을 적용할 수 있으며, 시산가액 비교를 통해 합리성 검토한다.

(2) 원가법

① 재조달원가
㉠ 의의: 대상물건을 기준시점에 재생산하거나 재취득하는 데 필요한 적정원가의 총액. 대상물건을 일반적인 방법으로 생산하거나 취득하는 데 드는 비용으로 하되, 제세공과금 등과 같은 일반적인 부대비용을 포함한다.
㉡ 가치형성요인 분석의 결과: 직접법·간접법

② 감가수정
대상물건에 대한 재조달원가를 감액하여야 할 요인이 있는 경우에 물리적 감가, 기능적 감가 또는 경제적 감가 등을 고려하여 그에 해당하는 금액을 재조달원가에서 공제하여 기준시점에서의 대상물건의 가액을 적정화하는 작업이다.

(3) 거래사례비교법

① 건물의 거래사례 기준
대상물건과 비교가능성이 있는 적절한 건물만의 거래사례를 선정하여 비준과정을 거쳐 비준가액을 산정한다. 현실적으로 토지와 건물이 일체로 거래가 이뤄지기에 건물만의 거래사례 확보는 어렵다.

② 토지와 건물을 일체로 한 거래사례를 기준으로 하는 경우
복합부동산의 거래사례에서 건물가액만을 추출하여 사정보정, 시점수정, 개별요인비교를 거쳐 비준가액을 산정한다. 이 경우 공제방식(토지가액을 공제), 비율방식(건물가격의 구성비율 적용)을 적용하여 사례건물가격을 추출할 수 있다.

③ 유의사항
㉠ 국·공유지에 건물이 소재하는 경우 일반적인 건물의 거래가격수준과 괴리될 수 있다.
㉡ 건물 비준과정에서 지역요인 비교는 제외한다(지역적 특성에 따른 가격 격차는 토지에 반영한다는 논리).
㉢ 건물의 잔가율과 연면적 비교는 개별요인에 포함하여 비교한다.
㉣ 거래사례비교법으로 평가한 이유와 산출내역을 감정평가서에 구체적으로 기재한다.

(4) 수익환원법
건물의 수익환원법은 임대수익 중 건물의 유지관리비와 공과금, 손해보험료 등 운영경비 등을 공제한 금액에서 건물귀속순수익을 추출한 후, 이를 건물 환원율로 환원하여 최종적으로 수익가액을 판정한다.

(5) 배분법
① **배분법**: 복합부동산의 가격에서 대상물건과 같은 유형 부분의 가격을 추출하기 위해 가격을 배분하는 방법이다.
② **공제방식**: 복합부동산의 거래가격에서 대상물건과 다른 유형에 해당하는 부분의 가격을 알 수 있는 경우에 적용한다.
③ **비율방식**: 복합부동산의 각 구성부분에 해당하는 가격비율을 알 수 있는 경우에 적용한다.

4. 특수한 경우의 건물

1) 공법상 제한 받는 건물

(1) 평가방법
① 제한받는 상태의 가격이 형성된 경우: 그 가격을 기초로 감정평가한다.
② 그렇지 않은 경우: 제한의 정도를 금액으로 환산하여 반영한다.

(2) 저촉되지 않은 잔여부분의 효용가치가 없는 경우 평가방법
① 잔여부분이 건물로서 효용가치가 없는 경우에는 건물 전체가 저촉되는 것으로 감정평가한다. 다만, 잔여부분만으로도 독립건물로서 가치가 인정되는 경우 그 잔여부분의 벽체나 기둥 등의 보수에 드는 비용 등을 고려하여 감정평가한다(예 계단 또는 E/V가 저촉 부분에 해당될 경우, 계단 및 E/V의 신규 설치를 위한 설계비, 추가 부지 매입비용, 공사비 등이 발생할 수 있음).
② 건물은 도시·군계획시설 도로와 같이 구체적인 사업이 예정되어 있는 공법상 제한이 있는 경우, 토지와 마찬가지로 그 사용·수익·처분상 큰 영향이 있을 수 있다.

(3) 현재의 용도로 계속 사용할 수 있는 경우
도시·군계획시설 도로 저촉 등 공법상 제한이 있음에도 불구하고 현재 또는 장래에 지속적으로 해당 건물의 사용·수익 등에 영향이 없는 경우에는 이러한 제한을 받는 점에 따른 가치의 변화를 고려하지 않는다.

(4) 유의사항
건물의 경우 토지와 달리 도시·군계획시설에 저촉된 경우 외에는 특별히 공법상 제한의 영향을 받지 않는다고도 볼 수 있다.

2) 기존 건물 상층부에 증축한 건물
① 증축한 건물은 기존 건물의 경과연수와 상관없이 경과연수를 결정할 수 있다. 다만, 장래보존연수는 기존 건물의 장래보존연수 범위 안에서 적용해야 한다. 기존 건물 상층부에 증축한 건물은 기존 건물의 경제적인 효용이 다할 경우 함께 그 효용이 소멸되기 때문이다.
② 증축부분의 구조가 기존부분의 구조보다 견고하여 내용연수가 장기인 경우에도 내용연수는 경과연수와 장래보존연수의 합이므로 감가수정도 이와 같은 방법으로 하여야 한다.

3) 토지와 그 지상 건물의 소유자가 다른 건물
소유자가 상이함으로 인해 해당 건물의 사용·수익에 지장을 주는 요인을 분석하여, 가치에 미치는 정도를 고려하여 감정평가한다.
① 건물의 사용·수익에 지장이 없다고 인정되는 경우
② 사용·수익의 제한이 없는 상태로 감정평가할 것을 요청한 경우(감정평가조건이 부가된 경우)에는 이에 따른 제한 등을 고려하지 않고 감정평가할 수 있다.

4) 공부상 미등재 건물
① 적법성이 지지되는 경우 감정평가가능하다. 다만, 감정평가목록상에 미포함된 경우, 의뢰인에게 감정평가목록에 포함여부를 확인하여 실측면적을 기준으로 감정평가한다.
② 공부상 미등재 건물의 감정평가 시 '소유권의 확인, 면적사항'을 유의한다.

5) 건물 일부가 인접 토지상에 있는 건물

(1) 건물의 일부가 인접 토지상에 있는 경우의 유형
신축 단계부터 소재 지번 잘못 표기, 소재 지번의 토지이동(분할, 합병) 후 미정리, 국·공유지를 대부받아 건물을 건축한 경우 등이 있다.

(2) 감정평가방법
① 해당 건물의 사용·수익에 대한 제한의 정도를 고려하여 감정평가한다.
② 인접 공용도로상에 걸쳐 소재한 건물의 경우 점용허가기간 내이고 준공검사를 필한 경우라면 제한 등을 고려하지 않을 수 있다.

6) 공부상 지번과 다른 건물

(1) 공부상 지번과 다른 건물의 유형
오래된 건물, 건축 단계에서부터 소재 지번이 잘못 표기된 경우, 소재 지번의 토지이동(분할, 합병) 후 미정리된 경우 등이 있다.

(2) 감정평가방법
① 원칙: 물적 동일성이 부정되어 감정평가 대상에서 제외하여야 한다.
② 예외1: 분할·합병 등으로 인하여 건물이 있는 토지의 지번이 변경되었으나 건축물대장상 지번이 변경되지 아니한 경우, 건물의 구조·용도·면적 등을 확인하여 동일 건물일 때에는 감정평가 가능하며, 감정평가서에는 토지대장의 토지이동 사항을 분석하여 기재한다.
③ 예외2: 건물이 있는 토지가 같은 소유자에 속하는 여러 필지로 구성된 일단지로 이용되고 있는 경우, 일단지 여부 등을 검토하고 평가 가능하다.
④ 예외3: 건축물대장상의 지번을 실지 지번으로 수정이 가능한 경우, 지번을 수정하고 건물을 감정평가한다.

7) 녹색건축물

(1) 의의
녹색건축물이란 건축물과 환경에 미치는 영향을 최소화하고 동시에 쾌적하고 건강한 거주환경을 제공하는 건축물이다. 에너지 효율을 높여 온실가스 배출을 최소화하는 등 국가 온실가스 저감 목표달성에 기여하고 있는 녹색건축물의 감정평가 시 건물가치에 건물의 에너지 성능을 반영할 수 있도록 기준을 마련하였다.

(2) 평가방법
「녹색건축물 조성 지원법」 제2조 제1호에 따른 녹색건축물은 온실가스 배출량 감축설비, 신·재생에너지 활용설비 등 친환경 설비 및 에너지효율화 설비에 따른 가치증가분을 포함하여 감정평가한다.

원가법	재조달원가	부대설비 보정단가에 친환경 건축물 항목 추가
	감가수정	내구성 증가로 전체 내용연수 또는 잔존내용연수 결정 시 반영
거래사례비교법	개별요인비교	인증등급을 기준으로 설비의 유사성을 반영하여 개별요인에 반영
수익환원법	순수익	에너지 절감 및 임대료 증분을 반영
	환원율	임대수요 증가에 따른 위험성의 감소, 에너지효율 증대에 따른 관리 난이성 감소

(3) 가치증분의 원천
① 친환경건축물인증을 받기 위한 설계 및 설비·시설 등을 구비하는데 투입된 비용
② 건물의 쾌적성, 환경성, 경제성 등 효용을 증가

8) 건축이 중단된 건물 (공사중단 건축물)

(1) 개념
'공사중단 건축물'이란 「건축법」 제21조에 따른 착공신고 후 건축 또는 대수선 중인 건축물이나 「주택법」 제16조 제2항에 따라 공사착수 후 건축 또는 대수선 중인 건축물로서 공사의 중단이 확인된 건축물을 말한다.

(2) 평가원칙(현황평가원칙)
공사중단 건축물등의 감정평가는 기준시점의 현황을 기준으로 감정평가하되, 의뢰인과 협의하여 다음 각 호의 사항을 제시받아 감정평가하는 것을 원칙으로 한다.
1. 공사중단 건축물등의 목록, 내역 및 관련 자료
2. 공사중단 건축물의 철거, 용도변경, 공사 재개 및 완공 계획 여부
3. 기준시점에서의 공사중단 건축물의 공정률

(3) 감정평가방법
① 공사중단 건축물을 감정평가할 때에는 건물의 감정평가방법을 따르되, 다음 각호의 사항 등을 고려하여 감정평가할 수 있다.
1. 공사중단 건축물의 물리적 감가, 기능적 감가 또는 경제적 감가
2. 공사중단 건축물의 구조, 규모, 공정률, 방치기간
3. 공사중단 건축물의 용도 또는 거래 조건에 따른 제한

② 공사중단 건축물의 대지를 감정평가할 때에는 토지의 감정평가방법을 따르되, 다음 각호의 사항 등을 고려하여 감정평가할 수 있다.
1. 공사중단 건축물의 대지 위치·형상·환경 및 이용 상황
2. 공사중단 건축물의 구조, 규모, 공정률, 방치기간
3. 공사중단 건축물의 용도 또는 거래 조건에 따른 제한

★ 기출문제

제17회 문제4
건물의 치유불가능한 기능적 감가의 개념과 사례를 기술하고, 이 경우 감정평가 시 고려해야 할 사항에 대하여 설명하시오. (10점)

제35회 문제4

최근 투자의사결정과 관련된 판단기준 중 지속가능한 성장을 판단하는 종합적 개념으로 ESG가 있으며, 부동산 가치의 평가에도 영향을 미치고 있다. ESG는 환경(Environment)요인, 사회(Social)요인 및 지배구조(Governance)의 약칭이다. ESG의 각각에 해당하는 구성요소를 설명하고, 친환경 인증을 받은 건축물의 감정평가 시 고려해야 할 내용을 설명하시오. (10점)

Ⅳ. 토지와 건물(구분소유 부동산)의 일괄평가

1. 정의

구분소유 부동산이란 「집합건물의 소유 및 관리에 관한 법률」에 따라 구분소유권의 대상이 되는 건물부분과 그 대지사용권(대지 지분소유권)을 말한다. 구분소유 부동산은 복합부동산과 권리의 형태, 거래관행, 가치의 형성원리 등이 현저히 다르다.

1) 구분소유 부동산의 정의

① **구분소유권**: 1동의 건물에 구조상 구분되는 2개 이상의 부분이 있어서 그것들이 독립하여 주거·점포·사무실 등으로 사용되는 경우에 그 부분을 각각 다른 사람의 소유로 사용할 수 있을 때 이러한 전유부분에 대한 권리를 말한다.

② **집합건물**: 일정한 대지 위에 공용부분을 매개로 전유부분들이 결합되어 한 동을 이루는 건물형태를 말하며, 주거용, 비주거용 및 혼합형(예 주상복합 등)으로 구분할 수 있다.

③ 구분소유 부동산은 구조상·이용상 독립성이 있어야 한다. 오픈상가는 이용상의 독립성은 있으나, 구조상 독립성은 없는 경우가 대부분이다.

④ **관련 판례**: "1동의 건물은 일부분이 구분소유권의 객체가 될 수 있으려면 그 부분이 이용상은 물론 구조상으로도 다른 부분과 구분되는 독립성이 있어야 하고, 그 이용 상황 내지 이용 형태에 따라 구조상의 독립성 판단의 엄격성에 차이가 있을 수 있으나, 구조상의 독립성은 주로 소유권의 목적이 되는 객체에 대한 물적 지배의 범위를 명확히 할 필요성 때문에 요구된다고 할 것이므로, 구조상의 구분에 의하여 구분소유권의 객체범위를 확정할 수 없는 경우에는 구조상의 독립성이 있다고 할 수 없다."고 판시하였다.

2) 전유부분 및 공용부분

① 전유부분: 구분소유권의 목적인 건물부분을 말한다.
② 공용부분: 전유부분 외의 건물부분으로서 「집합건물의 소유 및 관리에 관한 법률」 제3조 제2항 및 제3항에 따라 공용부분으로 된 부속의 건물을 말한다.
③ 권리의 처분: 공용부분에 대한 공유자의 지분은 그가 가지는 전유부분의 처분에 따르며, 공유자는 전유부분과 분리하여 공용부분에 대한 지분만을 처분할 수 없다.

3) 대지사용권

① 대지사용권이란 구분소유자가 전유부분을 소유하기 위하여 건물의 대지에 대하여 가지는 권리를 말한다.
② 건물의 대지란 전유부분이 속하는 1동의 건물이 있는 토지 및 「집합건물의 소유 및 관리에 관한 법률」 제4조에 따라 건물의 대지로 된 토지를 말한다.

4) 관련 규정 - 「집합건물의 소유 및 관리에 관한 법률」

제1조(건물의 구분소유) 1동의 건물 중 구조상 구분된 여러 개의 부분이 독립한 건물로서 사용될 수 있을 때에는 그 각 부분은 이 법에서 정하는 바에 따라 각각 소유권의 목적으로 할 수 있다.

제1조의2(상가건물의 구분소유) ① 1동의 건물이 다음 각 호에 해당하는 방식으로 여러 개의 건물부분으로 이용상 구분된 경우에 그 건물부분(이하 "구분점포"라 한다)은 이 법에서 정하는 바에 따라 각각 소유권의 목적으로 할 수 있다.
 1. 구분점포의 용도가 「건축법」 제2조 제2항 제7호의 판매시설 및 같은 항 제8호의 운수시설(집배송시설은 제외한다)일 것
 2. 1동의 건물 중 구분점포를 포함하여 제1호의 판매시설 및 운수시설(이하 "판매시설등"이라 한다)의 용도에 해당하는 바닥면적의 합계가 1천제곱미터 이상일 것
 3. 경계를 명확하게 알아볼 수 있는 표지를 바닥에 견고하게 설치할 것
 4. 구분점포별로 부여된 건물번호표지를 견고하게 붙일 것
② 제1항에 따른 경계표지 및 건물번호표지에 관하여 필요한 사항은 대통령령으로 정한다.

제2조(정의) 이 법에서 사용하는 용어의 뜻은 다음과 같다.
 1. "구분소유권"이란 제1조 또는 제1조의2에 규정된 건물부분[제3조 제2항 및 제3항에 따라 공용부분(共用部分)으로 된 것은 제외한다]을 목적으로 하는 소유권을 말한다.
 2. "구분소유자"란 구분소유권을 가지는 자를 말한다.
 3. "전유부분"(專有部分)이란 구분소유권의 목적인 건물부분을 말한다.
 4. "공용부분"이란 전유부분 외의 건물부분, 전유부분에 속하지 아니하는 건물의 부속물 및 제3조 제2항 및 제3항에 따라 공용부분으로 된 부속의 건물을 말한다.
 5. "건물의 대지"란 전유부분이 속하는 1동의 건물이 있는 토지 및 제4조에 따라 건물의 대지로 된 토지를 말한다.
 6. "대지사용권"이란 구분소유자가 전유부분을 소유하기 위하여 건물의 대지에 대하여 가지는 권리를 말한다.

제3조(공용부분) ① 여러 개의 전유부분으로 통하는 복도, 계단, 그 밖에 구조상 구분소유자 전원 또는 일부의 공용(共用)에 제공되는 건물부분은 구분소유권의 목적으로 할 수 없다.
② 제1조 또는 제1조의2에 규정된 건물부분과 부속의 건물은 규약으로써 공용부분으로 정할 수 있다.
③ 제1조 또는 제1조의2에 규정된 건물부분의 전부 또는 부속건물을 소유하는 자는 공정증서(公正證書)로써 제2항의 규약에 상응하는 것을 정할 수 있다.
④ 제2항과 제3항의 경우에는 공용부분이라는 취지를 등기하여야 한다.

제4조(규약에 따른 건물의 대지) ① 통로, 주차장, 정원, 부속건물의 대지, 그 밖에 전유부분이 속하는 1동의 건물 및 그 건물이 있는 토지와 하나로 관리되거나 사용되는 토지는 규약으로써 건물의 대지로 할 수 있다.
② 제1항의 경우에는 제3조 제3항을 준용한다.
③ 건물이 있는 토지가 건물이 일부 멸실함에 따라 건물이 있는 토지가 아닌 토지로 된 경우에는 그 토지는 제1항에 따라 규약으로써 건물의 대지로 정한 것으로 본다. 건물이 있는 토지의 일부가 분할로 인하여 건물이 있는 토지가 아닌 토지로 된 경우에도 같다.

2. 자료의 수집 및 정리

1) 사전조사와 실지조사

사전조사	① 소재지, 지번, 건물 동수 및 호수, 용도, 구조 ② 용도지역·지구 등 공법상 제한사항 ③ 건폐율과 용적률 ④ 준공 및 사용승인일자, 대지권 등재여부 ⑤ 그 밖의 참고사항
실지조사	사전에 조사된 사항을 기초로 현장에서 확인 ① 건물의 구조(호별배치도)·용도·면적 및 전유부분의 층별·위치별 효용도 ② 기초와 용재 ③ 시공 및 관리상태 ④ 부대시설 ⑤ 그 밖의 참고사항

2) 구분소유 부동산 감정평가 시 가격자료

① 거래사례: 분양가격의 경우 건물에 대한 부가가치세의 포함여부 확인하여 적절한 분양가가 확인될 수 있도록 해야 한다.
② 원가자료: 구분소유 부동산의 신축에 소요된 비용

$$총\ 공사비용 \times 층별 \cdot 위치별\ 효용비율$$

③ 임대사례: 수익환원법 적용, 구분소유 부동산의 사용을 위해 임대차 계약이 이루어진 사례 등
④ 수익자료: 수익률, 성장률, 현금흐름추정자료 등
⑤ 시장자료: 경제성장률, 건축공사비지수, 물가상승률, 금리, 환율 등
⑥ 그 밖에 감정평가액 결정에 참고가 되는 자료

3. 구분소유 부동산의 감정평가방법

1) 구분소유 부동산의 감정평가방법(「감정평가에 관한 규칙」 제16조)

구분소유 부동산은 건물(전유부분과 공용부분)과 대지사용권을 일체로 하여 거래되고, 1동의 건물 중 해당 부동산의 층과 위치에 따라 가치에 영향을 받기 때문에 이러한 가치형성양상을 합리적으로 반영할 수 있는 거래사례비교법이 원칙적인 평가방법이다.

2) 거래사례비교법에 의한 감정평가

(1) 사례의 선정 및 시점수정
  ① 사례의 선정: 대상물건과 용도적·구조적·위치적 유사성이 인정되는 물건으로 비교가 가능한 물건
  ② 시점수정: 한국감정원이 조사·발표하는 전국주택가격동향 조사 월간 주택가격지수, 생산자물가 상승률, 비주거용 건물임대지수 등을 활용

(2) 층별·위치별 효용비의 비교
  ① 층별효용도란 건물의 층별로 구별되는 효용의 차이를 말하며, 이러한 효용도에 따른 가격격차의 비율을 층별효용비율이라 한다.
  ② 위치별효용도란 동일 층 내 위치별(호별) 효용의 차이를 말하며, 이러한 위치별 효용도에 따른 가격격차의 비율을 위치별 효용비율이라 한다.
  ③ 효용비율 산출의 기준 면적은 전유면적을 원칙으로 한다.

3) 원가법에 의한 감정평가

- 적산가액 = 전체 1동 가액 × 층별 효용비율 × 위치별 효용비율
- 전체 1동 가액 = 토지 및 건물가액의 합

4) 수익환원법에 의한 감정평가

수익가액 = 대상물건(구분소유 부동산)의 순수익 ÷ 환원율

5) 토지·건물가액의 배분

① 구분건물의 경우 거래관행상 건물과 토지의 가액을 분리하는 것이 곤란하다.
② 부득이한 경우 아래와 같은 방법으로 구분제시
  ㉠ 적정한 비율을 적용하여 배분하는 방법
  ㉡ 토지 또는 건물의 가액 산정하여 일체의 가액에서 공제하여 배분하는 방법

6) 유의사항

가. 비교기준

각 구분소유건물은 공용면적의 비율이 다르기 때문에 거래사례, 수익사례, 원가사례를 대상과 비교할 때 전유면적을 기준으로 비교단위를 통일해야 한다.

나. 원가법 평가시 유의사항

층별·위치별 효용비율 적용 시 인근지역의 임대수준 등을 고려하여 배분함으로써 과다평가되지 않도록 유의해야 한다.

다. 대지사용권 미등기 시

미등기 원인을 조사하여 감정평가목적별로 감정평가서에 포함 여부 기재해야 한다.

4. 대지사용권을 수반하지 않은 구분건물의 감정평가

가. 대지사용권이 없는 구분건물의 감정평가

① 발생 사유: 아파트와 같은 대규모 집합건물의 경우, 대지의 분·합필 및 환지절차의 지연, 각 세대당 지분비율 결정의 지연, 토지에 대한 분쟁 등
② 평가 대상: 건물만의 가액으로 감정평가한다. 다만, 토지·건물을 일체로 감정평가를 한 후, 건물과 토지의 대지사용권에 대한 가액 배분내역을 구분건물평가명세표에 기재하고 대지사용권이 배분되지 않은 원인을 기재할 수 있다.

나. 대지사용권이 적정 지분으로 정리될 수 있는 구분건물의 감정평가

① 대지사용권의 추후 정리 전제: 분양계약서 등 관계서류에 의하여 지분면적을 확인하여 토지·건물을 일체로 한 비준가액에서 아파트부지로서의 제한정도를 고려한 토지가액을 차감하여 평가한다. 다만, 평가의 견란에 지분면적이 확정될 경우 그 증감변동에 따라 감정평가액도 변동될 수 있다는 요지를 명기한다.
② 대지사용권이 정리되지 않은 미확정상태에서 분양된 아파트: 해당 아파트 가액이 대지사용권을 수반하지 않은 건물만의 가격으로 형성되어 있을 경우에는 그 가격을 참작하여 감정평가한다(즉, 대상 아파트 단지 내 분양권 거래사례 등).

다. 유의사항

대지사용권을 수반하지 않은 구분건물의 경우 대지사용권에 대한 지분의 변동 가능성에 따라 부동산의 가치가 영향을 받을 수 있으므로, 이와 관련된 내용을 감정평가서에 기재해야 한다.

★ 기출문제

제7회 문제3

구분소유 부동산의 감정평가에 대하여 다음 사항을 설명하시오. (20점)

물음 1) 구분소유권의 특징·성립요건과 대지권(大地權)

물음 2) 구분소유 부동산의 평가방법

제25회 문제2

근린형 쇼핑센터 내 구분점포(「집합건물의 소유 및 관리에 관한 법률」에 의한 상가건물의 구분소유 부분)의 시장가치를 감정평가하려 한다. 인근에 경쟁적인 초대형 쇼핑센터가 입지하여, 대상점포가 소재한 근린형 쇼핑센터의 고객흡인력이 급격히 감소하고 상권이 위축되어 구분점포 거래가 희소하게 된 시장동향을 고려하여 다음 물음에 답하시오. (35점)

물음 1) 대상 구분점포의 감정평가에 거래사례비교법을 적용할 경우 감정평가방법의 개요, 적용상 한계 및 수집된 거래사례의 거래조건보정(Transactional adjustments)에 대하여 설명하고, 그 밖에 적용 가능한 다른 감정평가방법의 개요 및 적용 시 유의할 사항에 대하여 설명하시오. (25점)

물음 2) 적용된 각 감정평가방법에 의한 시산가액 간에 괴리가 발생되었을 경우 시산가액 조정의 의미, 기준 및 재검토할 사항에 대하여 설명하시오. (10점)

제35회 문제2

감정평가와 관련된 다음 자료를 참고하여 물음에 답하시오. (30점)

> 1. 본건은 토지와 건물로 구성된 부동산으로 「집합건물의 소유 및 관리에 관한 법률」 시행 이전에 소유권이전등기가 되어, 현재 '건물'은 각 호수별로 등기 되어 있고, '토지'의 경우도 별도로 등기되어 있음.
> 2. 본건 부동산은 1층(101호, 102호, 103호, 104호, 105호)과 2층(201호, 202호, 203호, 204호, 205호)이 각각 5개호로 구성된 상가로, 현재 건물소유자는 교회A(101호~204호)와 개인B[205호(교회에 임대됨)]임.
> 3. 상가 전체가 교회로 이용 중이며, 이중 202호, 203호, 204호는 교회의 부속 시설로 소예배실, 성경공부방, 교회휴게실로 이용중이고, 용도상 불가분의 관계가 있을 수 있음.
> 4. 202호는 5년 전에, 203호는 3년 전에, 204호는 1년 전에 교회 앞으로 각각 소유권이전등기가 되었고, 건물과 함께 토지 역시 일정 지분이 동시에 교회 앞으로 소유권이전등기됨.
> 5. 건물은 각 호 별로 구조상 독립성과 이용상 독립성이 유지되고 있음.
> 6. 토지는 각 호 별 면적에 비례하여 적정한 지분으로 각 건물소유자들이 공유하고 있음.
> 7. 평가대상 물건은 202호, 203호, 204호이며, 평가목적은 시가참고용임.

물음 1) 감정평가사 甲은 평가 대상물건을 개별로 감정평가하기로 결정하였다.
주어진 자료에 근거하여 감정평가사 甲이 개별평가로 결정한 이유를 설명하시오. (10점)

물음 2) 반면, 감정평가사 乙은 평가 대상물건을 일괄로 감정평가하기로 결정하였다. 주어진 자료에 근거하여 감정평가사 乙이 일괄평가로 결정한 이유를 설명하시오. (10점)

물음 3) 개별평가와 일괄평가의 관점에서 대상물건에 부합하는 평가방법을 설명하시오. (10점)

ca.Hackers.com

제4장

공장재단 및 의제부동산

제4장 공장재단 및 의제부동산

Ⅰ. 공장재단 및 광업재단의 감정평가

1. 공장재단의 감정평가(「감정평가에 관한 규칙」 제19조 제1항)

1) 정의
공장재단이란 영업을 하기 위하여 물품 제조·가공 등의 목적에 사용하는 일단의 기업용 재산(이하 '공장'이라 한다)으로서, 「공장 및 광업재단 저당법」에 따라 소유권과 저당권의 목적이 되는 것을 말한다.

2) 규정의 취지
「공장 및 광업재단 저당법」상의 공장 및 공장재단의 정의를 통해 감정평가 대상으로서의 공장과 공장재단을 명확하게 하여 감정평가의 신뢰성과 객관성을 확보하는 데 취지가 있다.

3) 주요 내용
(1) 「공장 및 광업재단 저당법」의 통합
  ① 일반적으로 재단저당제도는 기업경영에 필요한 토지, 건물 및 기계기구 등의 물건과 지상권·전세권·임차권 및 지식재산권 등의 권리를 일괄하여 1개의 재단으로 구성하고, 이에 저당권을 설정하는 제도를 말한다.
  ② 기업재산 일체를 하나의 담보물로 허용하는 공통의 목적을 가지고 있던 종전의 2개 법률을 하나의 법률로 통합하여 기업담보에 관한 기본법의 기틀을 마련하였다.

(2) 공장 및 공장재단의 의의

가. 공장의 의의

  ① 공장: 영업을 하기 위하여 물품의 제조·가공, 인쇄, 촬영, 방송 또는 전기나 가스의 공급 목적에 사용하는 장소를 말한다(「공장 및 광업재단 저당법」 제2조).
  ② 공장의 구성요소: 유형자산(예 토지·건물 및 정착물, 기계기구 등) + 무형자산(예 지식재산권 등)
  ③ 유의사항: 감정평가 시 의뢰사항(예 의뢰목적, 의뢰시점 등) 및 감정평가조건 등에 따라 일부 항목이 추가되거나 제외될 수 있는 바, 의뢰목록 확정과 확인에 유의해야 한다.

나. 공장재단의 의의

① 의의: 공장에 속하는 일정한 기업용 재산으로 구성되는 일단의 기업재산으로서 소유권과 저당권의 목적이 되는 것을 말한다(동법 제2조). 공장재단저당권은 공장에 속하는 유무형의 재산으로 구성되는 공장재단을 목적으로 하는 저당권을 말한다.
② **공장재단의 구성물**: ㉠ 공장에 속하는 토지, 건물 등 ㉡ 기계, 기구, 전봇대, 전선, 배관, 레일, 그 밖의 부속물, ㉢ 항공기, 선박, 자동차 등 등기나 등록이 가능한 동산, ㉣ 지상권 및 전세권, ㉤ 임대인이 동의한 경우 물건의 임차권, ㉥ 지식재산권을 대상으로 한다(동법 제13조).
③ 보존등기: 공장재단은 공장재단등기부에 소유권보존등기를 통하여 설정되며(동법 제11조 제1항), 이 공장재단 목록은 공장재단을 구성하는 물건 또는 권리의 표시를 기재한 것으로서, 공장재단이 어떠한 것들로 구성되는 것인가를 명확히 하기 위하여 작성되는 것이다.

(3) 관련 규정

「공장 및 광업재단 저당법」 제2조(정의)

4) 자료의 수집 및 정리

(1) 주요 내용

사전조사	등기사항전부증명서, 건축물대장 등 확인 ① 소재지, 지번, 건물 동수 및 호수 ② 용도, 구조 ③ 용도지역·지구 등 공법상 제한사항 ④ 건폐율과 용적률 ⑤ 준공 및 사용승인일자 ⑥ 관련 법령에 의한 사용·처분 등의 제한 또는 그 해제사항 등 ⑦ 그 밖의 참고사항

실지조사	사전에 조사된 사항을 기초로 현장에서 확인
	① 사업의 적부조사
	  ㉠ 사업체 개요, 원료의 수급관계, 제품의 시장성
	  ㉡ 생산능력 및 규모의 적정성, 생산공정의 적정성
	  ㉢ 생산실적, 입지조건, 경영 및 기술능력 등
	② 토지·건물 등의 실지조사
	  ㉠ 건물의 구조(호별 배치도)·용도·면적 및 기초와 용재
	  ㉡ 시공 및 관리상태, 부대시설 등
	  ㉢ 기계기구 및 공작물: 명칭, 규격·용량·형식·능력, 제작자·제작번호·제작연월일, 용도 및 배치상황 등

(2) 공장 감정평가 시 가격자료
① 토지: 거래가격, 공시지가 자료, 토지매입비, 조성공사비 자료 등
② 건물: 대상의 건축공사비 자료, 부대설비 도급공사자료 등
③ 기계기구: 구입단가(도입가격), 해체처분가격부대비용, 외화환산율, 도입기계가격 보정지수 자료 등
④ 수익자료: 해당 공장의 재무제표, 수익률, 성장률, 현금흐름추정자료 등

5) 공장의 감정평가방법
(1) 개별 물건별 감정평가 원칙
① 각 자산의 물건별 감정평가액을 합산하는 것을 원칙으로 한다.
② 유형자산은 토지, 건물, 기계·기구, 구축물 또는 과잉유휴시설로 구분하여 평가한다.
③ 각 자산별 규모 및 감정평가액이 적정한 비율로 구성되는지, 업종, 생산규모, 지역적 경제 수준(예 경제기반산업의 규모 등) 등에 비춰 감정평가액 수준이 적정한지 여부를 검토한다.

(2) 예외적으로 일괄감정평가하는 경우
① 계속기업의 원칙에 의거 해당 공장이 영속적으로 생산 및 기업활동을 영위한다는 전제하에 계속적인 수익이 예상되는 경우 수익환원법을 적용하여 평가한다.
② 계속적인 수익 예상 여부를 관련 시장자료 및 경제동향 자료 등을 토대로 분석하는 것이 필수적이다.

2. 광업재단의 감정평가(「감정평가에 관한 규칙」 제19조 제2항)

1) 정의

광업재단이란 광업권과 광업권을 바탕으로 광물을 채굴·취득하기 위한 각종 설비 및 이에 부속하는 사업의 설비로 구성되는 일단의 기업재산(이하 "광산"이라한다)으로서, 「공장 및 광업재단 저당법」에 따라 소유권과 저당권의 목적이 되는 것을 말한다.

2) 광업재단 감정평가 시 가격자료

광산의 가격자료는 다음과 같고, 대상 광산의 특성에 맞는 적절한 자료를 수집하고 정리한다.
① 토지, 건물, 기계·기구 등 광산을 구성하는 자산은 해당 물건의 자료의 수집 및 정리규정을 준용한다.
② 수익자료, 비용자료, 시장자료, 그 밖에 감정평가액 결정에 참고가 되는 자료

3) 광산의 감정평가방법

① 광산을 감정평가할 때에는 수익환원법을 적용하여야 한다.
② 수익환원법을 적용할 때에는 대상 광산의 생산규모와 생산시설을 전제로 한 가행연수 동안의 순수익을 환원한 금액에서 장래 소요될 기업비를 현가화한 총액을 공제하여 광산의 감정평가액을 산정한다.

3. 무형자산의 감정평가

실무기준상 무형자산에는 광업권, 어업권, 영업권, 지식재산권 등이 규정되어 있다. 자세한 내용은 '제4장 권리 및 유가증권'에서 다루도록 한다.

Ⅱ. 토지·건물의 감정평가

1. 토지 감정평가 시 유의사항

① 다수 필지의 일단지 이용: 일단지를 구성하는 각 필지의 지목과 현실적인 이용상황 사이에 차이가 발생할 수 있다. 부속필지(공부상 일단지로 등재되지 않은 필지: 균형의 원칙, 기여원칙 등)의 일단지 포함 평가 여부 검토(가격수준)
② 현실적 이용상황 판단기준: 관련 법상의 적법성, 합리성여부 및 전환 가능성 등
③ 공장의 적합한 부지 규모와 일단으로 이용 중인 일단지에 대한 판단이 중요시된다.

2. 건물 감정평가 시 유의사항

① 공장 건물로서의 특성에 따른 가치형성요인(가치형성원리로 확장됨) 및 그 격차 등을 고려해야 한다.
② 동일 구조 건물이라도 생산공정의 특성에 따라 건물 규모, 배치, 부대설비 등이 달라질 수 있다.
③ 철골조 건물(공장의 주된 구조)의 재조달원가를 산정하는 경우, '건물의 층고 및 바닥면적과의 연관성'이 '연면적 또는 각층별 면적'보다 중요하다.
④ 구조가 같은 건물의 경우, 층고가 증가하면 단가는 상승하며 바닥면적이 증가하면 단가는 하락한다.
　예 층고의 증가는 공사총액의 증가를 유발하나 단가를 산정하는 바닥면적은 그대로인 반면, 바닥면적의 증가는 층고 증가에 비해 공사총액을 단가로 전환시키는 분모의 크기 증가이기 때문이다.
⑤ 공장건물의 주요 가치형성요인: 건축 시공 자재의 종류(예 난연판넬 및 이중창호, 바닥마감 등) 및 규격(예 H빔, 트러스 골조 파이프 두께 등), 주기둥의 크기, 높이 및 간격 등

3. 구축물의 감정평가

① 구축물을 감정평가할 때에는 원가법을 적용하여야 한다.
② 구축물이 주된 물건의 부속물로 이용 중인 경우에는 주된 물건에 대한 기여도 및 상관관계 등을 고려하여 주된 물건에 포함하여 감정평가할 수 있다.

Ⅲ. 기계기구류의 감정평가

1. 정의

① 기계란 동력을 받아 외부의 대상물에 작용을 하는 설비 및 수동식 구조물로 일정한 구속운행에 의하여 작용을 하는 설비를 말한다.
② 기구란 인력 또는 기계에 의하여 이루어지는 모든 노동을 보조하는 것 또는 작업에 간접적으로 사용되는 물건을 말한다.
③ 장치란 내부에 원료 등을 수용하여 이를 분해, 변형, 운동시키는 설비를 말한다.

2. 기계기구로 평가 시 가격자료

기계기구류의 가격자료에는 거래사례, 제조원가, 시장자료 등이 있으며, 대상 기계기구류의 특성에 맞는 적정한 자료를 수집하고 정리한다.

3. 기계기구류의 감정평가

① 기계기구류를 감정평가할 때에는 원가법을 적용하여야 한다.
② 제1항에도 불구하고 대상물건과 현상·성능 등이 비슷한 동종물건의 적절한 거래사례를 통해 시중 시가를 파악할 수 있는 경우(외국으로부터의 도입기계기구류를 포함한다)에는 거래사례비교법으로 감정평가할 수 있다.

1) 재조달원가의 산정

(1) 국산 기계기구류의 재조달원가

국산 기계기구류의 재조달원가는 기준시점 당시 같거나 비슷한 물건을 재취득하는 데에 드는 비용으로 하되, 명칭 및 규격이 같은 물건인 경우에도 제조기술, 제작자, 성능, 부대시설의 유무 등에 따른 가격의 차이가 있는 경우에는 이를 고려하여야 한다.

(2) 도입 기계기구류의 재조달원가

① 도입 기계기구류의 재조달원가는 수입가격에 적정한 부대비용을 포함한 금액으로 한다. 다만, 수입시차가 상당하여 이 방법에 따라 산정된 재조달원가가 부적정하다고 판단될 때에는 대상물건과 제작자·형식·성능 등이 같거나 비슷한 물건의 최근 수입가격에 적정한 부대비용을 더한 금액으로 한다.
② 제1항의 방법에 따라 재조달원가를 산정하는 것이 불합리하거나 불가능한 경우에는 같은 제작국의 동종 기계기구류로서 가치형성요인이 비슷한 물건의 최근 수입가격 또는 해당 기계의 도입 당시 수입가격 등을 기준으로 추정한 수입가격에 적정한 부대비용을 더하여 산정할 수 있다.

2) 감가수정
① 기계기구류는 정률법으로 감가수정하는 것을 원칙으로 한다. 다만, 정률법으로 감가수정하는 것이 적정하지 않은 경우에는 정액법 또는 다른 방법에 따라 감가수정할 수 있다.
② 내용연수는 경제적 내용연수로 한다.
③ 장래보존연수는 대상물건의 내용연수 범위에서 사용·수리의 정도, 관리상태 등을 고려한 장래 사용 가능한 기간으로 한다.

3) 과잉유휴시설의 감정평가
① 다른 사업으로 전용이 가능한 과잉유휴시설은 정상적으로 감정평가하되, 전환 후의 용도와 전환에 드는 비용 및 시차 등을 고려하여야 한다.
② 다른 사업으로 전용이 불가능하여 해체처분을 하여야 하는 과잉유휴시설은 해제·철거에 드는 비용 및 운반비 등을 고려하여 처분이 가능한 금액으로 감정평가한다.

4) 유의사항
① **소유권유보부 기계기구**: 매매대금의 일부만 수령하되 소유권은 매도인이 가지고 있는 상태로, 대금 잔금의 완납이 이뤄져야 매수인에게 비로소 소유권이 귀속되는 기계기구를 말한다. 대법원은 소유권 이전을 위하여 등기나 등록을 요하는 재산에 대하여는 소유권유보부매매가 성립될 여지가 없다고 보고 있다.
② **리스물건**: 「여신전문금융업법」에 의한 시설대여업자가 대여한 리스물건은 시설대여업의 소유물건으로 보아 감정평가 하지 않는 것이 원칙이다. 기계기구 등에 부착된 명판 또는 표지판에 대한 확인 또는 해당 공장 기계기구 장부서류 등을 검토하고, 공장의 입출금 관리 통장 등을 통해 리스료지급여부 등을 확인한다.
③ **과잉유휴시설**: 해당 공장에 설치되어 있거나 보유하고 있는 시설 중에서 공장의 운영에 직접적으로 이용되지 않거나 가까운 장래에도 이용될 가능성이 없는 시설 등을 말한다. 특히 담보평가의 경우 가까운 장래시점까지 이용 가능성이 없는 기계기구까지 담보취득의 대상으로 감정평가하는 것은 부당하다.

Ⅳ. 의제부동산의 감정평가

1. 자동차의 감정평가(「감정평가에 관한 규칙」 제20조 제1항)

1) 거래사례비교법 원칙

자동차의 감정평가는 거래사례비교법을 기준으로 한다. 일반적인 동산과 동일하게 자동차가 거래된 사례 등을 수집 정리하고 유사성이 인정되는 거래사례를 비교분석하여 평가한다.

2) 원가법 적용

다만 거래사례비교법으로 감정평가하는 것이 곤란하거나 부적절한 경우에는 원가법을 적용하고, 정률법에 의해 감가수정한다.

2. 건설기계의 감정평가(「감정평가에 관한 규칙」 제20조 제2항)

1) 원가법 적용

① 신품 또는 사용정도가 얼마 되지 않은 건설기계에 주로 적용한다. 또한 평가목적 측면에서 다른 방법을 적용하는 것이 불합리한 경우나 시중에서 거래가 거의 이루어지지 않는 특수건설기계 감정평가에 주로 활용된다.
② 감가수정은 정률법에 의하되, 건설기계의 사용정도 · 관리상태 · 수리여부 등을 고려하여 관찰감가할 수 있다.

2) 거래사례비교법

건설기계의 거래시장이 형성되어 가격을 포착할 수 있는 경우 거래사례비교법에 의해 평가할 수 있다. 거래사례비교법으로 평가하는 경우 건설기계는 지역 및 건설경기 동향에 따라 가격변동의 폭이 크므로 가격자료를 시계열적으로 분석하여 감정평가해야 한다. 비준가액은 시장의 다양한 현상 등을 반영한 거래가격을 기준으로 산정한다.

3) 도입건설기계의 감정평가

도입기계 감정평가방법을 준용한다. 감가수정이 필요한 경우, 최초등록일자를 기준으로 감가수정한다. 잔존가치율은 동년식 유사 건설기계의 거래사례를 통해 구한 후, 평가대상 건설기계와 비교검토한다.

3. 선박의 감정평가(「감정평가에 관한 규칙」 제20조 제3항)

1) 선박의 구성

선체	선체의 크기는 톤수로 표시하며, 총톤수(G/T)를 기준한다.
기관	기관은 선체를 운항시키는 동력이 되며, 실마력을 기준한다.
의장품	의장품은 선박의 운행에 필요한 항해기구와 구명설비 등을 의미하며, 선박이 항행 및 정박하는 데 필요한 일체의 설비로서 선박의 주성능을 완전히 발휘시키는 장치를 말한다.

2) 선박의 감정평가방법(원가법, 선체·기관·의장품 구분평가)

① 선박의 감정평가는 선체, 기관, 의장품을 각각 원가법에 의해 평가하고 이를 합산하여 감정평가액으로 결정한다. 이때 신조선가 추이, 시장에서 동종 유사 선박의 중고선가(거래가격) 등을 고려해야 한다. 감가수정은 정률법에 의한다.

② 선박 경기가 활황인지 불황인지에 따라 중고선가와 원가법에 의한 평가액의 차이가 발생할 수 있다. 따라서 선박 감정평가 시에는 기준시점에서의 신조선가 및 중고선가 추이, 운임지수 등 시장 경기상황에 대한 고려가 필요하다.

3) 유의사항

① 신조선박을 감정평가할 때는 최근 신조단가를 기준하나, 원재료 가격의 변동이 급격할 때에는 적절한 신조단가를 구하기 어려울 수 있다.

② 중고선박을 감정평가할 때는 원가법에 의한 시산가액이 시장가격과 괴리될 수 있어 거래사례비교법을 적용할 경우 원가법보다 정확할 수 있다.

4. 항공기의 감정평가(「감정평가에 관한 규칙」 제20조 제4항)(원가법)

항공기의 감정평가는 원가법을 주방식으로 하되, 오버홀 내역을 파악할 수 있는 경우 주요 부분별 가액을 합산하여 평가하도록 규정되어 있다. 그러나 항공기의 부분별 가액을 파악할 수 있는 경우는 거의 없으므로, 일체의 원가법을 적용하여 평가하는 것이 일반적이다. 감가수정은 정률법을 원칙하되 관찰감가할 수 있다.

5. 해체처분가격에 의한 감정평가(「감정평가에 관한 규칙」 제20조 제5항)

위 1.~4.의 규정에도 불구하고 본래 용도의 효용가치가 없는 물건은 해체처분가액으로 평가할 수 있다. 이때 실제 해체 상태에 있는 부분품으로서 평가하는 것인지, 감정평가조건에서 해체를 전제하여 평가하는 것인지 유의한다. 해체 후에도 전용할 수 있는 부품은 전용가치 등을 고려하여 감정평가함을 유의한다.

V. 기타 유형별 감정평가

1. 산림의 감정평가(「감정평가에 관한 규칙」 제17조)

1) 산림의 정의

> 산림이란 「산림자원의 조성 및 관리에 관한 법률」 제2조 제1호에 따라 다음 각 호의 어느 하나에 해당하는 것을 말한다. 다만, 농지, 초지, 주택지, 도로, 그 밖의 「산림자원의 조성 및 관리에 관한 법률 시행령」 제2조 제1항 각 호의 어느 하나에 해당하는 토지에 있는 입목·죽과 그 토지는 제외한다.
> 1. 집단적으로 자라고 있는 입목·죽과 그 토지
> 2. 집단적으로 자라고 있던 입목·죽이 일시적으로 없어지게 된 토지
> 3. 입목·죽을 집단적으로 키우는 데 사용하게 된 토지
> 4. 산림의 경영 및 관리를 위하여 설치한 도로(이하 "임도(林道)"라 한다)
> 5. 제1호부터 제3호까지의 토지에 있는 암석지(巖石地)와 소택지(沼澤地: 늪과 연못으로 둘러싸인 습한 땅)

2) 산림의 감정평가방법

(1) 구분평가 원칙

① 산림은 산지와 입목을 구분하여 감정평가한다. 다만, 입목의 경제적 가치가 없다고 판단되는 경우에는 입목을 감정평가에서 제외할 수 있다.

② 유실수(과일나무) 단지의 감정평가는 과수원의 감정평가를 준용한다.

㉠ 산지의 감정평가
「산지관리법」에 따른 산지의 감정평가는 토지의 감정평가에 따른다. 다만, 산지로서 산지개량사업이 실시되었거나 산지보호시설이 되어 있는 경우에는 원가 등을 고려하여 감정평가할 수 있다.

㉡ 입목의 감정평가
ⓐ 입목을 감정평가할 때에는 거래사례비교법을 적용하여야 한다.
ⓑ ⓐ에도 불구하고 거래사례비교법을 적용하는 것이 곤란하거나 적절하지 않은 경우에는 조림비용 등을 고려한 원가법 등을 적용할 수 있다.

㉢ 임업부대시설의 감정평가
ⓐ 임도 및 방화선, 건물 및 소방망대를 평가할 때는 원가법을 적용해야 한다.
ⓑ 임간묘포를 평가할 때는 거래사례비교법 원칙하되, 원가법을 적용할 수 있다.

(2) 산지와 입목의 일괄감정평가

산지와 입목을 일괄하여 감정평가할 때에는 거래사례비교법을 적용하여야 한다.

2. 과수원의 감정평가(「감정평가에 관한 규칙」 제18조)

1) 과수원의 정의
과수원이란 집단적으로 재배하는 사과·배·밤·호두·귤나무 등 과수류 및 그 토지와 이에 접속된 저장고 등 부속시설물의 부지(주거용 건물이 있는 부지는 제외)를 말한다.

2) 자료의 수집 및 정리
과수원의 가격자료에는 거래사례, 조성사례, 임대사례, 수익자료 등이 있으며, 대상 과수원의 특성에 맞는 적절한 자료를 수집하고 정리한다.

3) 과수원의 감정평가방법(거래사례비교법 원칙)
과수원을 감정평가할 때에는 거래사례비교법을 적용하여야 한다.

3. 염전의 감정평가(「감정평가실무기준」 600.6)

1) 염전의 정의
염전이란 「소금산업 진흥법」 제2조 제3호에 따른 소금을 생산·제조하기 위하여 바닷물을 저장하는 저수지, 바닷물을 농축하는 자연증발지, 소금을 결정시키는 결정지 등을 지닌 지면을 말하며, 해주·소금창고, 용수로 및 배수로를 말한다.

2) 자료의 수집 및 정리
염전의 가격자료에는 거래사례, 조성사례, 임대사례, 수익자료 등이 있으며, 대상 염전의 특성에 맞는 적절한 자료를 수집하고 정리한다.

3) 염전의 감정평가방법 (거래사례비교법 원칙)
염전을 감정평가할 때에는 거래사례비교법을 적용하여야 한다.

> **★ 기출문제**
>
> **제5회 문제2**
> 공장의 감정평가방법 (20점)

ca.Hackers.com

제5장

권리 및 유가증권

제5장 권리 및 유가증권

Ⅰ. 광업권 및 어업권의 감정평가(「감정평가에 관한 규칙」 제23조)

1. 광업권의 감정평가(「감정평가에 관한 규칙」 제23조 제1항)

1) 정의
광업권이란 「광업법」 제3조 제3호에 따른 등록을 한 일정한 토지의 구역(이하 "광구")에서 등록을 한 광물과 이와 같은 광상(鑛床)에 묻혀 있는 다른 광물을 탐사·채굴 및 취득하는 권리를 말한다.

2) 자료의 수집 및 정리
광업재단의 자료의 수집 및 정리를 준용한다.

3) 광업권의 감정평가방법

> ① 광업권은 광산의 감정평가액에서 해당 광산의 현존시설의 가액을 빼고 감정평가하여야 한다.
> ② 현존시설의 가액은 적정 생산규모와 가행조건 등을 고려하되, 과잉유휴시설은 포함하지 아니한다.
> ③ 광업권의 존속기간은 20년을 초과하지 아니하는 범위에서 광상, 연장가능 여부 등을 고려하여 광업이 가능한 연한으로 결정한다.

2. 어업권의 감정평가(「감정평가에 관한 규칙」 제23조 제2항)

1) 정의
어업권이란 「수산업법」 및 「내수면어업법」에 따라 면허를 받아 배타적으로 어업을 경영할 수 있는 권리를 말한다.

2) 자료의 수집 및 정리
어업권의 가격자료에는 거래사례, 수익자료, 시장자료 등이 있으며, 대상 어업권의 특성에 맞는 적절한 자료를 수집하고 정리한다.

3) 어업권의 감정평가방법

> ① 어업권을 감정평가할 때에는 수익환원법을 적용하여야 한다.
> ② 제1항에도 불구하고 수익환원법으로 감정평가하는 것이 곤란하거나 적절하지 아니한 경우에는 거래사례비교법으로 감정평가할 수 있다.

Ⅱ. 영업권의 감정평가

1. 정의
영업권이란 대상 기업이 경영상의 유리한 관계 등 배타적 영리기회를 보유하여 같은 업종의 다른 기업들에 비하여 초과수익을 확보할 수 있는 능력으로서 경제적 가치가 있다고 인정되는 권리를 말한다.

2. 주요 내용
① **영업권의 가치결정요인**: 우수한 경영능력, 효율적 인적 구성, 대외적 신인도, 입지적 우위 등
② 기업회계기준상 자가창설영업권은 무형자산으로 인식하지 않고, 외부 유상 매입한 매입영업권에 대하여만 무형자산으로 인식한다.
③ 영업권은 특정의 기업이 동종 산업에 종사하는 타 기업과 비교하여 정상적인 투자수익률 이상의 이윤을 획득할 수 있는 초과이윤 창출능력, 즉 초과이익력을 화폐가치로 표시한 것이다.

3. 자료의 수집 및 정리
① **주요수집대상**: 대상기업의 인적·물적 시설자료와 대상기업의 업종에 따른 시장전망자료, 대상기업의 재무적 자료 등
② **자료검증**: 회사측이 제시한 자료를 기준으로 하여 참작하되, 관련 업종 및 시장 전반에 관한 외부 자료를 통해 적정성 여부 검증
③ **자료유형(원천에 따른 분류)**: 기업내부자료(예 기업재무자료, 인적물적자료, 기타 공시자료), 시장자료(예 산업동향 및 제반 시장자료 등)

4. 영업권의 감정평가방법(「감정평가에 관한 규칙」 제23조 제3항 및 실무기준)

1) 영업권의 감정평가 원칙

> ① 영업권을 감정평가할 때에는 수익환원법을 적용하여야 한다.
> ② 제1항에도 불구하고 수익환원법으로 감정평가하는 것이 곤란하거나 적절하지 아니한 경우에는 거래사례비교법이나 원가법으로 감정평가할 수 있다.

2) 주요 내용

① **수익환원법의 원칙성**: 영업권의 정의상 정상적인 수익을 초과하는 초과수익에 대한 경제적 권리이므로, 수익을 환원 또는 할인하는 평가구조를 가진 수익환원법이 정의에 가장 부합하는 방법이다.
② **거래사례비교법의 제한성**: 사업체 또는 영업권 자체의 거래에 대한 품등비교 난이, 유가증권 시장 등에서의 주당가격에 의할 경우 사업체 외부요인 보정이 난이하여 거래사례비교법 적용이 제한된다.
③ **관련 규정**: 「감정평가에 관한 규칙」 제23조(무형자산의 감정평가) 제3항

3) 수익환원법의 적용

(1) 적용 및 정의

> 영업권을 수익환원법으로 감정평가할 때에는 다음 각 호의 어느 하나에 해당하는 방법으로 감정평가한다. 다만, 대상 영업권의 수익에 근거하여 합리적으로 감정평가할 수 있는 다른 방법이 있는 경우에는 그에 따라 감정평가할 수 있다.
> 1. 대상기업의 영업관련 기업가치에서 영업투하자본을 차감하는 방법
>   가. 영업관련 기업가치: 기업가치 감정평가(수익환원법)를 준용하여 산정. 단, 비영업용자산은 제외
>   나. 영업투하자본: 영업자산에서 영업부채를 차감하여 산정
> 2. 대상 기업이 달성할 것으로 예상되는 지속가능기간의 초과수익을 현재가치로 할인하거나 환원하는 방법

(2) 주요 내용

① 제1호에 의한 방법

대상기업의 영업관련 기업가치(단, 비영업용 자산은 제외한다)에서 영업투하자본을 차감하여 산정하는 방법이다.
- ㉠ 영업투하자본: 영업자산에서 영업부채를 차감한 금액
- ㉡ 영업자산: 영업활동을 영위하기 위한 자산으로 투자목적자산을 제외한 자산
- ㉢ 영업부채: 영업관련부채로서 이자부부채를 제외한 부채(즉, 비이자부부채)

② 제2호에 의한 방법

영업권이 동종 기업의 정상적 이익을 초과하는 이익의 현재가치라는 정의에 부합한다. ①에 비해 상대적으로 간단한 평가구조를 갖고 있으나, 동종산업의 통상적인 정상이익률을 추정하기가 어렵다. 기간별로, 사업 규모별로 정상이익률이 달라질 수 있기 때문에 적정한 초과이익 산출이 관건이다. 여기서 초과이익이란 매출의 증가뿐만 아니라 비용의 감소 또는 투자의 감소 등을 모두 포괄하는 개념을 의미한다.

4) 거래사례비교법의 적용

> 영업권을 거래사례비교법으로 감정평가할 때에는 다음 각 호의 어느 하나에 해당하는 방법으로 감정평가한다. 다만, 대상 영업권의 거래사례에 근거하여 합리적으로 감정평가할 수 있는 다른 방법이 있는 경우에는 그에 따라 감정평가할 수 있다.
> 1. 영업권이 다른 자산과 독립하여 거래되는 관행이 있는 경우에는 같거나 비슷한 업종의 영업권만의 거래사례를 이용하여 대상 영업권과 비교하는 방법
> 2. 같거나 비슷한 업종의 기업 전체 거래가격에서 영업권을 제외한 순자산 가치를 차감한 가치를 영업권의 거래사례 가격으로 보아 대상 영업권과 비교하는 방법
> 3. 대상 기업이 유가증권시장이나 코스닥시장에 상장되어 있는 경우에는 발행주식수에 발행주식의 주당가격을 곱한 가치에서 영업권을 제외한 순자산가치를 차감하는 방법

5) 원가법의 적용

(1) 적용 및 정의

> 영업권을 원가법으로 감정평가할 때에는 다음 각 호의 어느 하나에 해당하는 방법으로 감정평가한다. 다만, 대상 영업권의 원가에 근거하여 합리적으로 감정평가할 수 있는 다른 방법이 있는 경우에는 그에 따라 감정평가할 수 있다.
> 1. 기준시점에서 새로 취득하기 위해 필요한 예상비용에서 감가요인을 파악하고 그에 해당하는 금액을 공제하는 방법
> 2. 대상 무형자산의 취득에 든 비용을 물가변동률 등에 따라 기준시점으로 수정하는 방법

(2) 주요 내용

① 원가법 적용의 기본 가정

기회비용의 측면에서 접근하여, 해당 영업권 구축에 소요되는 기간 동안에 취득할 수 있었던 상대적 경제적 이윤으로 산정한다.

㉮ 영업권을 구축하는 데 소요기간 2년, 그 2년 동안 소요된 비용은 설비의 구입, 부동산 구입, 유통시스템 구축, 종업원 교육, 고객 인지도와 신뢰도 제고를 위한 노력이 모두 포함된다. 이 경우 영업권은 동일한 유형자산으로 벌어들일 수 있었던 금액 즉, 2년간의 기회비용의 현재가치로 추산된다.

② 유의사항

㉠ 재조달원가: 재생산비용을 원본의 재연으로 설정할 것인지, 원본 효용의 재연으로 설정할 것인지에 대한 결정이 필요하다. 또한 기업활동의 노하우 및 효율성, 경영 능력 등에 의하여 발생하는 영업권에 대하여 취득비용을 감안한다는 논리적 모순이 있다.

㉡ 감가수정: 초과수익이 발생하는 한 영속적인 성격을 가진 영업권에 대해 감가수정의 적용에 문제가 있을 수 있다. 과거 취득비용에 물가상승률 반영 시, 영업권의 가격 변동이 경기변동과 반드시 일치하지 않아 가격산정에 왜곡이 있을 수 있음을 유의한다.

★ 기출문제

제9회 문제2
기업평가에 있어 영업권 가치와 지적 재산권 가치를 설명하고, 이와 관련된 발생 수익의 원천 및 평가방법을 서술하시오. (20점)

제28회 문제4
영업권과 상가권리금을 비교 설명하시오. (10점)

Ⅲ. 지식재산권의 감정평가

1. 정의

① "지식재산권"이란 특허권·실용신안권·디자인권·상표권 등 산업재산권 또는 저작권 등 지적창작물에 부여된 재산권에 준하는 권리를 말한다.
② "특허권"이란 「특허법」에 따라 발명 등에 관하여 독점적으로 이용할 수 있는 권리를 말한다.
③ "실용신안권"이란 「실용신안법」에 따라 실용적인 고안 등에 관하여 독점적으로 이용할 수 있는 권리를 말한다.
④ "디자인권"이란 「디자인보호법」에 따라 디자인 등에 관하여 독점적으로 이용할 수 있는 권리를 말한다.
⑤ "상표권"이란 「상표법」에 따라 지정상품에 등록된 상표를 독점적으로 사용할 수 있는 권리를 말한다.
⑥ "저작권"이란 「저작권법」 제4조의 저작물에 대하여 저작자가 가지는 권리를 말한다.

2. 주요내용

1) 개요

산업사회에서 지식사회로 경제환경이 변화됨에 따라 무형자산의 중요성이 부각되고 있다. 특히 IT기술 등의 발달로 특허에 관한 독점적 권리가 주장되고, 이를 둘러싼 분쟁도 점차 증대하는 추세이다.

2) 지식재산권(「지식재산 기본법」 제3조)

① "지식재산"이란 인간의 창조적 활동 또는 경험 등에 의하여 창출되거나 발견된 지식·정보·기술, 사상이나 감정의 표현, 영업이나 물건의 표시, 생물의 품종이나 유전자원(遺傳資源), 그 밖에 무형적인 것으로서 재산적 가치가 실현될 수 있는 것을 말한다.
② "신지식재산"이란 경제·사회 또는 문화의 변화나 과학기술의 발전에 따라 새로운 분야에서 출현하는 지식재산을 말한다.
③ "지식재산권"이란 법령 또는 조약 등에 따라 인정되거나 보호되는 지식재산에 관한 권리를 말한다.

3) 지식재산권의 종류

특허권	특허권이 부여되면 특허권자를 제외한 사람은 특허권자의 동의를 득하여 사용하게 되며 특허권이 침해되면 민·형사소송을 제기할 수 있다.
실용신안권	실용신안은 산업상 이용할 수 있는 물품의 형상·구조 또는 조합에 관한 고안으로서 특허청에 이를 등록함으로써 권리에 대한 효력이 발생한다.
디자인권	디자인을 창작한 자 또는 그 승계인은 「디자인보호법」에 따라 디자인등록을 받을 수 있다.
상표권	상표는 상품이나 제품을 생산·제조·가공 또는 판매업자가 자사의 상품을 다른 업자 등의 상품과 구별하기 위해 사용하는 기호 또는 도형이나 문자 등의 결합을 말하며, 설정등록에 의해 상표권이 발생한다.
저작권	인간의 사상이나 감정 등을 표현한 창작물에 대한 독점적인 권리로서, 저작물에는 소설·시·논문·강연 등과 음악·연극·무용·회화 및 조각·건축물·사진·컴퓨터프로그램 등이 있다.

4) 자료의 수집 및 정리

지식재산권의 가격자료에는 거래사례, 비용자료, 수익자료, 시장자료 등이 있으며, 대상 권리의 특성에 맞는 적절한 자료를 수집하고 정리한다.

(1) 조사 및 확인

특허권	① 등록특허공보를 통한 특허권의 내용 ② 특허의 기술적 유효성과 경제적 유효성 ③ 특허권자, 특허권의 존속기간, 존속기간 연장여부 ④ 특허권의 효력 및 계약관계 ⑤ 특허권의 수용여부 및 질권설정 여부 ⑥ 특허권에 관한 심판·소송 여부 ⑦ 재무상태표상 특허권의 장부가치
상표권	① 상표등록증을 통한 상표권의 내용 ② 상표권자, 출원인, 상표권의 존속기간, 존속기간 갱신여부 ③ 상표권의 효력, 계약관계 및 등록상표 등의 보호범위 ④ 상표권의 소송여부 및 질권설정 여부 ⑤ 재무상태표상 상표권의 장부가치
저작권	① 저작자의 실명 등 인적사항 ② 저작물의 제호·종류·창작연월일 ③ 저작물 공표 여부·공표연월일·공표된 국가 ④ 저작인격권(예 공표권·성명표시권·동일성유지권) ⑤ 저작재산권(예 복제권·공연권·공중송신권·전시권·배포권·대여권) ⑥ 실연자의 권리(예 복제권·배포권·대여권·공연권·방송권·전송권 등) ⑦ 음반제작자의 권리(예 복제권·배포권·대여권·전송권 등) ⑧ 방송사업자의 권리(예 복제권·동시중계방송권) ⑨ 저작재산권의 양도, 질권의 행사, 권리변동

(2) 지식재산권의 가격자료

특허권	① 거래사례: 특허권의 거래가격 등 ② 비용자료: 특허권의 취득을 위해 드는 비용 등 ③ 수익자료: 수익력 추정자료, 수익률, 라이센스계약에 따른 수익 및 실시료율, 재무제표 등 ④ 시장자료: 관련 산업의 경기동향, 경제성장률, 물가상승률, 금리, 환율 등
상표권	① 거래사례: 상표권의 거래가격 등 ② 비용자료: 상표권의 취득을 위해 드는 비용 등 ③ 수익자료: 상표권 사용수익, 수익률, 라이센스계약에 따른 수익 및 실시료율, 재무제표 등 ④ 시장자료: 관련 산업의 경기동향, 경제성장률, 물가상승률, 금리, 환율 등
저작권	① 거래사례: 저작권의 거래가격 등 ② 비용자료: 저작권의 취득을 위해 드는 비용 등 ③ 수익자료: 저작권 사용수익, 수익률, 라이센스계약에 따른 수익 및 실시료율, 재무제표 등 ④ 시장자료: 관련산업의 경기동향, 경제성장률, 물가상승률, 금리, 환율 등

3. 지식재산권의 감정평가방법(「감정평가에 관한 규칙」 제23조 제3항 및 실무기준)

1) 원칙

> ① 지식재산권을 감정평가할 때에는 수익환원법을 적용하여야 한다.
> ② 제1항에도 불구하고 수익환원법으로 감정평가하는 것이 곤란하거나 적절하지 아니한 경우에는 거래사례비교법이나 원가법으로 감정평가할 수 있다.

(1) 수익환원법 원칙

지식재산권의 감정평가는 수익환원법을 원칙으로 한다. 즉, 해당 권리를 통해 얻을 수 있는 적정수익을 환원율로 환원하거나 또는 미래의 현금흐름을 파악하여 이를 할인율로 할인하는 방식으로 가치를 구한다. 통상 지식재산권은 관련법령에서 주어진 권리의 독점적·배타적 기간이 존재한다.

(2) 예외적인 경우

수익환원법에 의한 감정평가가 곤란하거나 적절하지 아니한 경우, 거래사례비교법이나 원가법 적용이 가능하다. 거래시장이 존재할 경우 거래사례비교법을, 투입된 비용이 가치 판정에 유용한 수단이 될 경우 원가법을 적용할 수 있다.

2) 수익환원법의 적용

> ① 지식재산권을 수익환원법으로 감정평가할 때에는 다음 각호에 따른 방법으로 감정평가할 수 있다. 다만, 대상 지식재산권이 창출할 것으로 기대되는 적정 수익에 근거하여 합리적으로 감정평가할 수 있는 다른 방법이 있는 경우에는 그에 따라 감정평가할 수 있다.
> 1. 해당 지식재산권으로 인한 현금흐름을 현재가치로 할인하거나 환원하여 산정하는 방법
> 2. 기업전체에 대한 영업가치에 해당 지식재산권의 기술기여도를 곱하여 산정하는 방법
> ② 제1항 제1호의 해당 지식재산권으로 인한 현금흐름은 다음 각호의 방법에 따라 산정할 수 있다.
> 1. 해당 지식재산권으로 인해 절감 가능한 사용료를 기준으로 산정하는 방법
> 2. 해당 지식재산권으로 인해 증가된 현금흐름을 기준으로 산정하는 방법
> ③ 제1항 제2호의 기술기여도는 기업의 경제적 이익 창출에 기여한 유·무형의 기업 자산 중에서 해당 지식재산권이 차지하는 상대적인 비율로서 다음 각호의 방법 등으로 산정할 수 있다.
> 1. 비슷한 지식재산권의 기술기여도를 해당 지식재산권에 적용하는 방법
> 2. 산업기술요소·개별기술강도·기술비중 등을 고려한 기술요소법

(1) 현금흐름을 할인하거나 환원하는 방법(제1항 제1호)

전체 현금흐름에서 지식재산권만의 현금흐름이 평가되고, 이에 대한 할인율과 환원율을 구할 수 있는 경우에 적용가능한 방법이다. 지식재산권의 현금흐름은 아래와 같은 방법으로 산정할 수 있다.
① 지식재산권으로 절감 가능한 사용료를 기준하는 방법
② 지식재산권으로 증가된 현금흐름을 기준하는 방법

(2) 기술기여도를 곱하여 산정하는 방법(제1항 제2호)

기업의 영업가치를 기준으로 해당 지식재산권의 기술기여도를 곱하여 산정하는 방법을 말한다. 기술기여도란 기업의 경제적 이익창출에 기여한 유무형의 기업자산 중에서 해당 지식재산권이 차지하는 상대적인 비율을 말한다. 기술기여도는 아래 방법에 의해 산정할 수 있다.

① 비슷한 지식재산권의 기술기여도를 해당 지식재산권에 적용하는 방법
② 산업기술요소·개별기술강도·기술비중 등을 고려한 기술요소법

3) 거래사례비교법의 적용

① 지식재산권을 거래사례비교법으로 감정평가할 때에는 다음 각호에 따른 방법으로 감정평가할 수 있다. 다만, 지식재산권의 거래사례에 근거하여 합리적으로 감정평가할 수 있는 다른 방법이 있는 경우에는 그에 따라 감정평가할 수 있다.
1. 비슷한 지식재산권의 거래사례와 비교하는 방법
2. 매출액이나 영업이익 등에 시장에서 형성되고 있는 실시료율을 곱하여 산정된 현금흐름을 할인하거나 환원하여 산정하는 방법

② 제1항 제2호의 실시료율은 지식재산권을 배타적으로 사용하기 위해 제공하는 기술사용료의 산정을 위한 것으로, 사용기업의 매출액이나 영업이익 등에 대한 비율을 말한다. 이 경우 실시료율을 산정할 때에는 다음 각호의 사항을 고려하여야 한다.
1. 지식재산권의 개발비
2. 지식재산권의 특성
3. 지식재산권의 예상수익에 대한 기여도
4. 실시의 난이도
5. 지식재산권의 사용기간
6. 그 밖에 실시료율에 영향을 미치는 요인

(1) 유사 거래사례와 비교하는 방법

동종 또는 유사한 지식재산권이 실제 거래된 사례가 있는 경우에는 거래사례비교법을 적용할 수 있다. 다만 현실적으로 지식재산권은 배타적이고 독점적인 권리이기 때문에 완벽히 동일한 유사 거래가 존재하기 힘들다. 그럼에도 불구하고 비슷하다고 여겨질만한 지식재산권이 존재하고 실제 거래된 경우 유용한 방법이 될 수 있다.

(2) 매출액이나 영업이익에 실시료율을 적용하고 환원하는 방법

① 매출액이나 영업이익 등에 시장에서 형성되고 있는 실시료율을 곱하여 산정된 현금흐름을 할인하거나 환원하여 산정하는 방법을 말한다.
② 실시료율은 '지식재산권을 배타적으로 사용하기 위해 제공하는 기술사용료의 산정을 위한 것으로, 사용기업의 매출액이나 영업이익 등에 대한 비율'을 말한다.

4) 원가법의 적용

지식재산권을 원가법으로 감정평가할 때에는 다음 각호의 방법으로 감정평가할 수 있다. 다만, 대상 지식재산권의 원가에 근거하여 합리적으로 감정평가할 수 있는 다른 방법이 있는 경우에는 그에 따라 감정평가할 수 있다.
1. 기준시점에서 새로 취득하기 위해 필요한 예상비용에서 감가요인을 파악하고 그에 해당하는 금액을 공제하는 방법
2. 대상 지식재산권을 제작하거나 취득하는 데 들어간 비용을 물가변동률 등에 따라 기준시점으로 수정하는 방법

⭐ 기출문제

> **제33회 문제1**
>
> 최근 지식재산권에 대한 관심이 높아지면서 지식재산권에 대한 감정평가 수요도 증가하고 있다. 지식재산권 감정평가와 관련하여 다음 물음에 답하시오. (40점)
>
> 물음 1) 감정평가 실무기준상 지식재산권의 개념 및 종류, 가격자료에 대해 설명하시오. (10점)
>
> 물음 2) 감정평가 3방식의 성립 근거와 각 방식 간의 관계에 대해 설명하시오. (10점)
>
> 물음 3) 감정평가 실무기준상 감정평가 3방식에 따른 지식재산권의 평가방법을 설명하고, 각 방식 적용 시 유의사항에 대해 설명하시오. (20점)

Ⅳ. 주식의 감정평가

1. 상장주식

1) 정의

상장주식이란 「자본시장과 금융투자업에 관한 법률」에서 정하는 증권상장 규정에 따라 증권시장에 상장된 증권 중 주권을 말한다.

2) 주요 내용

(1) 주식의 의미

주식이란 주식회사의 자본을 구성하는 금액적 의미와 주주의 권리 및 의무의 단위로서의 주주권(株主權)의 의미를 가진다. 주식은 주주 1인이 다량을 보유할 수 있고, 그 보유비율에 따라 권한과 의무의 범위가 결정된다.

(2) 상장주식의 개념

상장이란 「자본시장과 금융투자업에 관한 법률」에 따른 허가를 받고 개설된 거래소에서 주권을 매매할 수 있도록 인정하는 것을 의미하며, 상장주식이란 상장된 회사의 주식을 말한다. 회사는 상장을 통하여 자금조달능력을 증대시키고, 기업의 홍보효과 및 공신력을 제고하며, 각종 세제상의 혜택과 경영의 합리화를 도모할 수 있게 된다.

3) 자료의 수집 및 정리

(1) 실지조사의 생략

「감정평가에 관한 규칙」 제10조 제2항 제2호 "유가증권 등 대상물건의 특성상 실지조사가 불가능하거나 불필요한 경우"로서 실지조사를 생략할 수 있다.

(2) 조사 · 확인사항

① 양도방법과 그 제한: 거래의 제한여부 및 주식 양도 방법의 제한 여부
② 지급기간 미도래의 이익 또는 배당권 부착여부: 미도래이익으로서 배당금의 가치에 따라 주식가치가 결정되므로, 배당권 존부 확인
③ 상장일자, 발행일자: 상장주식을 발행한 법인의 확인
④ 거래상황: 거래 정보 여부 확인
⑤ 실효 · 위조 · 변조의 여부: 상장폐지 여부, 증권 증서의 위변조 여부 등 확인
⑥ 그 밖에 해당 주식에 관련된 사항

(3) 가격자료

상장주식에 대한 정보는 거래소, 금융감독원 및 증권업협회 등의 전산자료 및 각 증권회사의 상장기업에 대한 재무자료, 일반자료가 있으며, 각 상장주식의 거래내역, 종가, 시가 등의 자료를 열람한다.

4) 상장주식의 감정평가방법(「감정평가에 관한 규칙」 제24조 제1항 제1호)

> ① 상장주식을 감정평가할 때에는 거래사례비교법을 적용하여야 한다.
> ② 제1항에 따라 거래사례비교법을 적용할 때에는 대상 상장주식의 기준시점 이전 30일간 실제거래가액의 합계액을 30일간 실제 총 거래량으로 나누어 감정평가한다.
> ③ 기준시점 이전 30일간의 기간 중 증자 · 합병 또는 이익이나 이자의 배당 및 잔여재산의 분배청구권 또는 신주인수권에 관하여 「상법」에 따른 기준일의 경과 등의 이유가 발생한 상장주식은 그 이유가 발생한 다음 날부터 기준시점까지의 실제거래가액의 합계액을 해당 기간의 실제 총 거래량으로 나누어 감정평가한다.
> ④ 상장주식으로서 증권거래소 등의 시세가 없는 경우에는 [660-1.2.3]을 준용한다.

2. 비상장주식

1) 정의

비상장주식이란 주권비상장법인의 주권을 말한다.

2) 주요 내용

(1) 비상장주식의 개념

비상장주식은 「자본시장과 금융투자업에 관한 법률」에서 규정하고 있는 주권상장법인을 제외한 법인의 주권을 의미한다. 일반적으로 거래소에 상장되지 아니한 법인의 주권을 의미한다.

(2) 비상장주식 감정평가의 중요성

① 자본주의 시장경제에서 기업의 주식가치가 합리적이고 적정하게 결정된다는 것은 매우 중요하다. 주식의 가치가 올바르게 형성되어야 자원의 분배 및 투자의 적정성을 기할 수 있다.

② 특히, 비상장주식의 감정평가는 거래소에 상장된 주식과 달리 객관적인 가격자료가 부족하기 때문에 평가과정이 복잡하고 어렵다.
③ 감정평가 예시(문제의 전제 문장으로 등장)
  ㉠ 회사 경영권을 매입하는 투자의 경우
  ㉡ 국유주식의 처분
  ㉢ 상장을 위해 공개(IPO; initial public offering)되는 경우의 공모가격
  ㉣ 상속세 과세를 위한 경우 등
  이해관계가 첨예하게 대립되기 때문에 적정한 감정평가가 필요하다.

3) 자료의 수집 및 정리

> ① 비상장주식의 가격자료는 해당 기업과 관련된 거래사례, 수익자료, 시장자료 등이 있으며, 해당 기업을 구성하는 자산은 해당 물건의 자료의 수집 및 정리 규정을 준용한다.
> ② 제1항 이외의 자료로서 관련 산업이나 대상 기업활동 등에 영향을 미치는 경제분석자료, 산업분석자료 및 내부현황분석자료를 수집 및 분석할 수 있다.

(1) 비상장주식의 감정평가 시 조사·확인 사항

가. 계속기업(going concern)의 전제확인
① 기업의 가치는 기업활동을 통한 지속적인 수익이 창출될 때 의미를 가지므로, 특별한 경우를 제외하고는 계속기업을 전제로 하여야 한다.
② 다만 기업의 부도발생 등으로 기업활동을 영위할 수 없는 경우에는 청산을 전제한다.

나. 기업 재무제표의 활용 및 분석
① 해당 기업에 대한 재무상태표, 손익계산서, 현금흐름표, 자본변동표 등의 각종 재무제표를 활용하여 경영활동의 결과와 재무상태 등을 파악해야 한다.
② 재무상태표는 기준일 현재의 모든 자산, 부채, 자본을 적정하게 나타내는 정태적 보고서로서, ㉠ 경제적 자원에 관한 정보, ㉡ 지급능력 또는 유동성에 관한 정보, ㉢ 재무구조에 관한 정보, ㉣ 장기계획이나 투자의사결정 등에 관한 유용한 정보 ㉤ 투자자들의 청구권에 관한 정보 등을 제공한다.

다. 소유지분의 비중에 따른 지배력
① 기업의 지배구조와 관련하여 소유지분의 비중은 기업의 전반적인 경영활동에 많은 영향을 미친다.
② 주주별 소유지분 비율, 내국인과 외국인 간의 상대적 비율, 개인투자자와 기관투자자 간의 상대적 비율을 고려해야 한다.

라. 그 밖의 조사·확인사항
① 해당기업의 개요
② 영업권과 지식재산권 등에 대한 검토
③ 주식양도방법
④ 대상 주식의 의결권 여부
⑤ 해당 기업의 신용등급
⑥ 보통주식의 소유관계 등

(2) 자료의 종류

가. 가격자료
① 거래사례: 해당 기업의 과거 지분 거래가격, 유사기업의 인수 및 합병 시 거래가격 등
② 수익자료: 재무제표·현금흐름추정자료 등
③ 시장자료: 경제성장률, 물가상승률, 금리, 환율, KOSDAQ지수, KOSPI지수, 유사기업의 주식가격 등

나. 경제분석자료(가치형성요인 자료제시형 문제)
① 경제성장 및 고용·임금자료: 경제성장률, 국내총투자율, 제조업평균가동률, 명목임금증감률, 실업률 등
② 물가자료: 생산자물가상승률, 수입물가등락률, 유가등락률 등
③ 통화와 금융·증권자료: 어음부도율, 이자율과 할인율, 종합주가지수
④ 국제수지와 무역·외환자료: 경상수지, 환율, 외환보유액, 수출증감률 등

다. 산업분석자료
① 관련 산업의 기술이나 유통과정 또는 재무구조적 특성
② 해당 산업의 시장전망과 규모 및 경제적 지위
③ 제품 및 원재료의 수요·공급에의 영향요인
④ 경기변동이나 산업수명주기상의 추정단계
⑤ 해당 산업에서의 시장진입의 난이도
⑥ 예상되는 행정규제 및 지원 등

라. 내부현황분석자료
① 기업개요사항: 조직형태, 기업연혁, 계열관계, 사업개요, 주요주주 등
② 생산·제조활동사항: 주요제품과 서비스, 생산설비와 생산능력 및 가동률, 생산라인의 기술인력 등
③ 영업활동사항: 주요 원재료 및 거래처현황, 주요 제품별 생산공정 및 매출, 거래처별 매출실적과 채권회수 및 부실현황 등
④ 재무·회계 관련: 과거 감사보고서, 결산서, 세무신고납부서류, 운영계획 및 예산서, 영업보고서 및 주요 비용분석자료, 차입금 및 담보제공현황 등

4) 비상장주식의 감정평가방법(「감정평가에 관한 규칙」 제24조 제1항 제2호)

① 비상장주식은 기업가치에서 부채의 가치를 빼고 산정한 자기자본의 가치를 발행주식수로 나누어 감정평가한다. 다만, 비슷한 주식의 거래가격이나 시세 또는 시장배수 등을 기준으로 감정평가할 때에는 비상장주식의 주당가치를 직접 산정할 수 있다.
② 제1항의 기업가치를 감정평가할 때에는 이 절 [3 기업가치의 감정평가]를 따른다.

(1) 자기자본가치(순자산가치)법
① 해당 회사의 자산, 부채 및 자본항목을 기준시점 현재의 가액으로 평가하여 수정재무상태표를 작성한 후(기준시점과 결산시점의 차이), 자산총계에서 부채총계를 공제한 기업체의 자기자본가치(순자산가치)를 발행주식수로 나누어 비상장주식의 주당가액을 평가한다.
② 회계적으로 평가되어 재무제표에 기재되어 있는 자산과 부채를 적용하는 것이 아니라, 각각의 자산과 부채에 대하여 기준시점 현재의 공정가치를 평가하고, 이를 토대로 수정재무상태표를 작성하여 여기서 총자산에서 총부채를 차감하여 평가한다.

(2) 기업가치의 감정평가

실무적으로 비상장주식을 감정평가할 때 자기자본가치법을 적용하는 경우가 대부분이다. 따라서 비시장주식의 감정평가 시 적정한 기업가치의 감정평가는 매우 중요하다.

(3) 주당가치를 직접 산정할 수 있는 경우의 감정평가

대상 주식의 거래가격이나 시세 또는 시장배수 등을 파악할 수 있는 경우에는 기업가치의 산정과정을 거치지 않고 비상장주식의 가치를 직접 산정할 수 있다.

★ 기출문제

제17회 문제5

비상장주식의 평가 (5점)

제19회 문제3

향후 전자제품을 개발·생산·판매하기 위하여 설립된 비상장 영리법인인 기업은 설립 후 자본금 전액을 기술개발에 지출하여 당해 금액을 무형자산으로 계상하였다(다른 자산 부채는 없음). 당해 기업의 주식가치를 평가하고자 한다. 적합한 평가방법 및 근거를 구체적으로 설명하고 장·단점을 설명하시오. (20점)

제21회 문제2

비상장법인 A주식회사는 특허권을 가지고 전자제품을 제조 판매하는 공장과 임대업에 사용하는 업무용 빌딩을 소유하고 있다. A주식회사는 2009년 전자제품부분에서 50억원, 임대업에서 20억원의 당기순이익을 얻었다. A주식회사의 주식을 평가하고자 한다. (30점)

문제 1) 본건 평가와 관련하여 감정평가에 관한 규칙이 인정하는 2가지 방법 및 그 장·단점을 논하라. (15점)

문제 2) 「감정평가에 관한 규칙」에서 정하고 있지 않은 주식평가방법(양 방법을 혼합한 방법 포함)들을 예시하고, 평가이론 관점에서 동 규칙 외의 방법에 의한 평가의 타당성을 논하시오. (15점)

> **제24회 문제4**
> 부동산업을 법인형태로 영위하는 경우, 해당 법인의 주식가치 평가방법을 설명하시오. (10점)

V. 채권의 감정평가

1. 정의
채권이란 국채증권, 지방채증권, 특수채증권, 사채권, 기업어음증권 그 밖에 이와 비슷한 것으로서 지급청구권이 표시된 것을 말한다.

2. 주요내용

1) 채권의 개념(정의)
① 채권은 정부, 지방자치단체, 공공기관, 주식회사 등이 자금을 조달하기 위해 일정기간 동안 정기적으로 약정된 이자를 지급하고, 만기일에 원금을 상환할 것을 약정하여 발행한 일정의 차용증서를 말한다.
② 일반적으로 채권은 상환기한과 이자가 확정되어 있다. 채권은 타인자본으로서 발행기관의 경영상태와는 독립적으로 이자청구권을 갖게 되며, 의결권의 행사에 따른 경영참가권이 없다는 점에서 주식과 다르다.

2) 채권의 종류

발행주체에 따른 분류	국채, 지방채, 특수채(예 토지개발채, 전력공사채 등), 금융채(국민은행채 등) 등
이자지급방법에 의한 분류	이표채, 할인채, 복리채 등
상환기간에 따른 분류	단기채(1년 이하: 통화안정증권 등), 중기채(1~5년), 장기채(5년 이상) 등
모집방법에 따른 분류	사모채(특정의 인수자 대상), 공모채(불특정 다수 대상) 등
보증유무에 따른 분류	보증사채, 무보증사채 등
지급이자율 변동여부에 따른 분류	확정금리부채권과 금리연동부채권 등

3) 관련 규정
「자본시장과 금융투자업에 관한 법률」 제4조(증권)

3. 채권의 감정평가방법

1) 원칙(「감정평가에 관한 규칙」 제24조 제2항)

> ▶ 상장채권 (1호) - 거래소에서 거래가 이루어지는 등 시세가 형성된 채권
> ① 상장채권을 감정평가할 때에는 거래사례비교법을 적용하여야 한다.
> ② 제1항에도 불구하고 거래사례를 수집할 수 없거나 시세를 알 수 없는 경우에는 수익환원법으로 감정평가할 수 있다.
>
> ▶ 비상장채권(2호) - 거래소에서 거래가 이루어지지 아니하는 등 형성된 시세가 없는 채권
> ① 비상장채권을 감정평가할 때에는 수익환원법을 적용하여야 한다.
> ② 제1항에도 불구하고 수익환원법을 적용하는 것이 곤란하거나 부적절한 경우에는 거래사례비교법으로 감정평가할 수 있다.

2) 거래사례비교법의 적용

> 채권을 거래사례비교법으로 감정평가할 때에는 동종 채권의 기준시점 이전 30일간 실제거래가액의 합계액을 30일간 실제 총 거래량으로 나누어 감정평가한다.

3) 수익환원법의 적용

> ① 채권을 수익환원법으로 감정평가할 때에는 지급받을 원금과 이자를 기간에 따라 적정수익률로 할인하는 방법으로 감정평가한다.
> ② 적정수익률은 거래소에서 공표하는 동종채권(동종채권이 없을 경우에는 유사종류 채권)의 기준시점 이전 30일간 당일 결제거래 평균수익률의 산술평균치로 한다. 다만, 같은 기간에 당일 결제거래 평균수익률이 없는 경우에는 보통거래 평균수익률 등 다른 수익률을 적용할 수 있다.

4. 부실채권 감정평가

1) 부실채권의 개념

(1) 의의

부실채권(NPL)은 금융기관의 여신거래에서 발생한 대출원리금, 지급보증 등이 부도로 인해 정상 변제되지 않아 특별한 회수조치가 필요한 채권을 의미한다. 채무자의 재무상태 악화로 채권회수에 상당한 위험이 발생했거나 발생할 우려가 있는 채권이 이에 해당한다.

(2) 특징

부실채권은 제한된 유동화 시장을 제외하고는 시장형성이 어렵기 때문에 가격 및 거래 형성이 곤란하다. 유동성 부족과 높은 거래비용으로 인해 가치평가와 정보분석이 어려워 내재가치 대비 현저히 저평가된다.

(3) 부실채권 평가의 업무 흐름

부실채권 평가는 채권자인 금융기관의 의뢰로 감정평가사가 채권가치를 평가하여 매입자에게 제공하는 업무이다. 보유자산 데이터분석 완료 후 자산실사 단계에서 회계법인 등 주간사의 의뢰로 감정평가법인이 수행한다. 규칙상 수익환원법을 적용하나 실무에서는 원가법과 거래사례비교법을 병용한다.

2) 감정평가 방법

부실채권의 평가는 「감정평가에 관한 규칙」 제24조 규정을 근거로 수익환원법에 의하여 미래 현금흐름을 현가화한 수익방식으로 평가하고 있다.

$$V = \sum_{k=1}^{n} \frac{a}{(1+r)^k} + \frac{A}{(1+r)^n}$$

A: 자산매각액 + 부대토지
a: 순영업이익(부동산수입-영업비용) - 자본유출 + 순현금흐름
r: 일정한 할인율, n: 매각까지의 기간

실무적으로는 근저당권에 설정대상인 부동산의 가치 추정이 이루어지므로 원가방식과 비교방식을 주로 적용한다. 부실채권 감정평가 시 의뢰인의 요청에 따라 ① 법사가[6] ② 시장가치 ③ 추정 낙찰가액을 종합적으로 산정하여 제시하는 것이 일반적이다.

3) 부실채권 평가와 경매평가의 차이

(1) 법적 성격의 차이

NPL 평가는 채권자와 매입자 간의 사적 거래를 위한 임의평가인 반면, 경매는 법원의 강제집행절차에 따른 공적 매각이다. NPL은 「민사소송법」상 강제집행 이전 단계에서 이루어지는 채권양도거래이므로 계약 자유의 원칙이 적용된다. 경매는 「민사집행법」에 따른 법정절차로서 법원이 주관하는 공개입찰 방식이다.

(2) 평가목적과 방법의 차이

NPL 평가는 채권의 미래 회수가능성을 예측하여 현재가치를 산정하는 것이 목적이다. 따라서 수익환원법을 중심으로 채무자의 상환능력과 담보물건의 처분가능성을 종합적으로 고려한다. 경매평가는 법원의 최저입찰가격 결정을 위한 시가 산정이 목적이므로 대상 물건의 감칙상 주된 평가방법을 적용하여 정상거래가격을 구한다.

VI. 기업가치의 감정평가

1. 정의

기업가치란 해당 기업체가 보유하고 있는 유·무형의 자산가치를 말하며, 자기자본가치(주식가치)와 타인자본가치(부채가치)로 구성된다.

2. 주요내용

① 기업가치평가는 개별자산 평가액의 단순한 합계가 아닌, 대상업체가 가진 유·무형의 가치를 포함하는 기업 전체의 일괄가치를 구하는 감정평가과정이다. 단순한 개별자산의 합계가 아닌 이유는 재무제표상에 열거되어 있는 자산 등의 가치는 할인과 프리미엄 등에 의하여 다르게 영향을 받기 때문이다.

② 기업가치평가는 기본적으로 재무제표의 분석에서 출발하지만, 기업체의 진정한 경제적 재무상태와 영업성과를 반영하고, 시장가치에 접근하기 위한 기초로 삼기 위해서는 감가상각, 재고자산, 무형자산, 유형자산 등에 대한 조정을 함으로써 경제적 재무제표로 변환하여야 한다.

---

[6] 법사가는 법원에서 경매 진행을 위해 의뢰하여 이루어진 감정평가액으로 법원에서는 이를 고려하여 최저 매각가액을 결정한다.

3. 자료의 수집 및 정리

비상장주식평가를 준용한다.

4. 기업가치의 감정평가방법(「감정평가에 관한 규칙」 제24조 제3항 및 실무기준)

1) 원칙과 예외

> 「감정평가에 관한 규칙」
> **제24조 제3항(유가증권 등의 감정평가)** 감정평가법인등은 기업가치를 감정평가할 때에 수익환원법을 적용하여야 한다.
> ① 기업가치를 감정평가할 때에는 수익환원법을 적용하여야 한다.
> ② 제1항에도 불구하고 기업가치를 감정평가할 때에 수익환원법을 적용하는 것이 곤란하거나 적절하지 아니한 경우에는 원가법·거래사례비교법 등 다른 방법으로 감정평가할 수 있다.

2) 수익환원법의 적용

기업가치를 수익환원법으로 평가할 경우에는 할인현금흐름분석법, 직접환원법, 옵션평가모형 등으로 감정평가한다.

(1) 할인현금흐름분석법(각 평가항목별 기본 산식 숙지)

① 감정평가방법

대상 기업의 현금흐름을 기준으로 각 단계별 예측기간의 영업가치와 예측기간 후의 영구영업가치를 합산하여 전체 영업가치를 산정한 후, 비영업용 자산가치를 더하여 기업가치를 산정한다.

② 현금흐름의 산정

기업의 영업활동으로 인해 발생하는 영업이익을 기준으로 법인세를 차감하여 세후영업이익을 산정한 후 감가상각비 등의 비현금항목과 영업부문의 순운전자본증감액 및 순투자금액을 가감하여 산정한다.

③ 할인율의 산정

㉠ 가중평균자본비용(WACC)의 적용을 원칙으로 하되, 필요에 따라 적절한 다른 방식을 활용한다.
㉡ WACC: 기업의 자본비용(자기자본 + 타인자본)을 시장가치 기준에 따라 각각이 총자본 중에서 차지하는 가중치(자본구성비율)로 가중 평균한 것

④ 자기자본비용의 산정

자본자산가격결정모형(CAPM)에 의해 산정하나, 평가대상의 특성에 따라 자본자산가격결정모형에 별도의 위험을 가산하거나 다른 방법으로 산정할 수 있다.

$$Ke(자기자본비용) = Rf + [E(Rm) - Rf] \times \beta$$

* Rf: 무위험이자율(국고채 수익률 고려)
* E(Rm): 시장기대수익률(주식시장의 수익률 고려)
* β(베타계수): 시장수익률의 변화에 대한 해당기업의 민감도로서 상장기업 중 유사기업의 베타계수를 사용하되, 유사기업이 없는 경우에는 산업별 베타계수를 사용할 수 있다. 이 경우 해당기업의 성격에 따라 KOSPI지수나 KOSDAQ지수를 고려하여 베타계수를 산정할 수 있다.

(2) 직접환원법

대상기업의 단일 연도의 예상이익 추정액이나 몇 년간의 예상이익의 평균액을 환원율로 환원하여 평가하는 방법이다. 실무적으로 단일연도의 예상이익을 통해 환원하는 방식이 부적절하고, 급변하는 기업의 경영활동에서 몇 년간의 예상이익을 평균화한다는 것은 현실에 부적합하다.

(3) 옵션평가모형

옵션평가모형은 경영 혹은 관리상의 의사결정에 따른 유연성을 평가에 반영한다는 논리로서 현실적 불확실성을 감정평가 시 고려하고 이를 기초로 실질적인 기업의 의사결정에 따른 미래의 현금흐름과 투자비용을 감안하게 된다. 이때 각 의사결정 방법의 합리성, 합법성 등에 대한 고려가 필요하다. 그러나 이 경우 기업의 경영주체 또는 의사결정의 방법에 따라 감정평가금액이 달라지는 문제가 발생하며, 경우에 따라 수 개의 감정평가금액이 존재할 수도 있는 문제점이 발생한다.

(4) 유의사항

① 현금흐름의 예측기간은 5년 이상으로 하며, 영구성장률은 과거 5년치 평균성장률을 상회하지 않도록 추정한다.
② 환원율이나 할인율은 위험요소, 성장성 및 화폐의 시간가치 등을 종합적으로 고려하여 결정한다.
③ 환원율이나 할인율은 현금흐름의 성격과 일관성이 있어야 한다. 세전이익을 기준하는 경우 세전환원율을, 주주귀속잉여현금흐름에는 자기자본비용을, 기업전체귀속 잉여현금흐름을 기준하는 경우 WACC를 활용한다.

3) 거래사례비교법의 적용

기업가치를 거래사례비교법으로 평가할 경우에는 유사기업이용법, 유사거래이용법, 과거거래이용법 등으로 감정평가한다.

(1) 유사기업이용법

① 감정평가방법
대상기업과 비슷한 상장기업들의 주가를 기초로 산정된 시장배수를 적용하여 대상기업의 가치를 평가한다.

② 비교기업의 요건
사업의 유형, 규모 및 성장률, 시장점유율 및 경쟁관계, 거래처관계, 재무제표(예 영업이익률·부채비율 등)가 비슷할 것

③ 시장배수	
PER(주가이익비율)	현재 주식가격이 주당이익의 몇 배로 형성되어 있는지
PBR(주가순자산비율)	현재 주식가격이 주당순자산가치의 몇 배로 형성되어 있는지
PSR(주가매출액비율)	현재의 주식가격을 주당매출액으로 나눈 것
PCR(주가현금흐름비율)	현재의 주식가격이 기업의 주당 영업활동 현금흐름의 몇 배로 형성되어 있는지
EV/EBITDA	주식의 시가총액과 순차입금의 합계에서 비영업용 자산을 차감한 기업전체의 사업가치가 이자비용·법인세·감가상각비·무형자산상각비 차감 전 이익의 몇 배인지

④ 대상기업과 비교기업 간의 조정
  ㉠ 비영업용 순자산의 포함 여부
  ㉡ 비경상적 항목의 포함 여부
  ㉢ 재고자산, 감가상각, 리스 등에 관한 회계처리방식의 차이
  ㉣ 비교대상 해외기업을 선정한 경우 국가간 회계기준의 차이

⑤ 최종가치의 산출
둘 이상의 시장배수를 각각 적용하여 산정된 결과를 단순평균하거나 가중평균하여 결정한다.
다만, 시장배수 산정 시 비교대상 기업의 비영업용 순자산을 제거한 후 적용한 경우에는 대상 기업에 시장배수를 적용한 후 대상 기업의 비영업용 순자산을 더하여야 한다.

(2) 유사거래이용법

대상기업과 비슷한 기업들의 지분이 기업인수 및 합병거래시장에서 거래된 가격을 기초로 시장배수를 산정하여 대상 기업의 가치를 감정평가하는 방법이다. 인수 및 합병의 거래구조와 배경, 거래조건 등에 대한 검토와 조정을 요한다.

(3) 과거거래이용법

대상기업 지분의 과거 거래가격을 기초로 시장배수를 산정하여 대상기업의 가치를 감정평가하는 방법. 과거 거래가 이루어진 이후 기간에 발생한 상황변화에 대한 검토와 조정이 필요하다. 가장 안정적이고 편리한 방법이나 과거의 매매환경과 기준시점 현재의 매매환경 간 차이가 발생하며, 이러한 차이를 보정하는 적정한 지수가 존재하지 않는다.

(4) 유의사항

① 감정평가과정에서 비교기준 역할을 충실히 할 수 있는 비교대상 선정이 핵심
② 유사기업은 대상기업과 동일산업에 속하거나, 동일한 경제요인에 의해 영향을 받는 산업에 속할 것
③ 유사기업 선정과정상 고려해야 할 요소들
  ㉠ 사업 특성상의 정성적·정량적 유사성
  ㉡ 유사기업에 대하여 입수 가능한 자료의 양과 검증가능성
  ㉢ 유사기업의 가격이 독립적인 거래를 반영하는지 여부

4) 원가법의 적용

① 원가법을 적용할 때에는 대상 기업의 유·무형의 개별자산의 가치를 합산하여 감정평가한다.
② 계속기업을 전제로 하여 감정평가할 때에는 원가법만을 적용하여 감정평가해서는 아니 된다. 다만, 원가법 외의 방법을 적용하기 곤란한 경우에 한정하여 원가법만으로 감정평가할 수 있으며, 이 경우 정당한 근거를 감정평가서에 기재하여야 한다.

(1) 원가법 적용의 일반적인 절차

① 회계기준에 따라 작성된 재무상태표를 입수
② 취득원가로 기록된 자산과 부채의 가액을 공정가치로 조정
③ 재무상태표에 누락되어 있는 부외자산 및 부외부채의 공정가치를 산정
④ 공정가치로 측정된 개별자산과 부채를 기초로 수정재무상태표를 작성한 후 개별자산의 가치를 합산

기출문제

제27회 문제1

지식정보사회로의 이행 등에 따라 기업가치 중 무형자산의 비중(Portion)이 상대적으로 증가하고 있다. 「감정평가 실무기준」에 규정하고 있는 계속기업가치(going concern value)의 감정평가와 관련하여 다음 물음에 답하시오. (40점)

물음 1) 기업가치의 구성요소를 설명하고, 기업가치의 감정평가 시 유의사항을 설명하시오. (10점)

물음 2) 기업가치의 감정평가에 관한 이론적 배경과 감정평가방법을 설명하고, 각 감정평가방법 적용 시 유의사항 및 장단점을 설명하시오. (20점)

물음 3) 기업가치의 감정평가에 있어서 시산가액 조정에 대하여 설명하고, 조정된 기업가치에 대한 구성요소별 배분방법에 관해 설명하시오. (10점)

Ⅶ. 동산 등의 감정평가

1. 동산의 감정평가

1) 정의

동산이란 상품, 원재료, 반제품, 재공품, 제품, 생산품 등 부동산 이외의 물건을 말한다.

2) 자료의 수집 및 정리

거래사례	해당 동산이 거래되는 시장의 거래가격 예 도매가격, 소매가격 및 협정가격
제조원가	동산의 생산원가 등 예 세금계산서, 견적서, 도급계약서
시장자료	중고시장에서의 가격과 동산을 구성하는 부품의 가격과 그 변동상황 등

3) 동산의 감정평가방법(「감정평가에 관한 규칙」 제21조)

① 감정평가법인등은 동산을 감정평가할 때에는 거래사례비교법을 적용해야 한다. 다만, 본래 용도의 효용가치가 없는 물건은 해체처분가액으로 감정평가할 수 있다.
② 제1항 본문에도 불구하고 기계·기구류를 감정평가할 때에는 원가법을 적용해야 한다.

2. 소음등으로 인한 토지등의 가치하락분에 대한 감정평가

1) 정의

'소음등으로 인한 대상물건의 가치하락분'이란 장기간 지속적으로 발생하는 소음·진동·일조침해 또는 환경오염 등(이하 "소음등"이라 한다)으로 대상물건에 직접적 또는 간접적인 피해가 발생하여 대상물건의 객관적 가치가 하락한 경우 소음등의 발생 전과 비교한 가치하락분을 말한다.

2) 소음 등의 유형

소음	소음이란 「소음·진동규제법」상 기계·기구·시설 기타 물체의 사용으로 인하여 발생하는 강한 소리로 일상생활에서 발생하는 바람직하지 않은 음을 총칭한다. 토지 등의 가치하락 및 가축 등의 생명체에 대한 피해를 발생시킬 수 있다.
진동	진동이란 「소음·진동규제법」상 기계·기구·시설 기타 물체의 사용으로 인하여 발생하는 강한 흔들림으로 가진력에 의해 어떤 양의 크기가 시간이 경과함에 따라 어떤 기준 값보다 커지거나 작아져서 주기적으로 변동하는 현상을 말한다.
일조침해	일조란 태양광선에 의한 빛, 열량 등의 총칭으로 자외선에 의한 살균, 소독, 복사열에 의한 난방, 방습, 채광, 통풍 등을 통해 토지 등의 객관적 가치에 영향을 미치며, '일조권'이란 태양광선을 향유할 수 있는 권리를 말하며, 「건축법」에서는 일조 등의 확보를 위해 건축물의 이격거리 및 높이를 제한하고 있다.
환경오염	쓰레기·연소재·오니·폐유·폐산·폐알카리 등의 토양오염물질이 대상 토지에 매립되거나, 인근 토지에 매립되어 대상 토지로 유입되어 경제적 피해가 발생하는 토지·바다·강 등 토양오염, 수질오염, 각종 유해물질로 인한 공기오염 등을 말한다. 넓게 보면 일조·소음·진동 등을 포함하여 칭하기도 한다.
기타	기타 조망 침해(일조권과 세트), 수자원 고갈, 전파장애, 지반침하 등으로 인하여 토지 등 가치하락이 발생할 수 있다.

3) 자료의 수집 및 정리

소음등으로 인한 가치하락분에 대한 감정평가에 참고가 되는 자료는 해당 물건의 자료의 수집 및 정리에 관한 규정을 준용하되, 소음등의 발생 전·후의 가격자료를 모두 수집하여야 한다.
① 소음 등의 실태(가치하락을 유발한 원인의 종류 및 특성 등)
② 소음 등의 관련 법령상 허용기준
③ 소음 등이 대상물건에 미치는 물리적 영향과 그 정도
④ 소음 등의 복구시 책임관계
⑤ 가치하락을 유발한 원인으로부터의 복구 가능성 및 복구에 걸리는 기간
⑥ 소음 등의 복구 방법과 소요 비용

⑦ 소음 등의 발생 전·후 대상물건의 물리적·경제적 상황
⑧ 소음 등의 발생 후 대상물건에 대한 시장의 인식
⑨ 소음 등을 관련 전문가에 의해 측정한 경우 그 자문이나 용역의 결과

4) 소음등으로 인한 대상물건의 가치하락분에 대한 감정평가방법(「감정평가에 관한 규칙」 제25조)

> ① 소음등으로 인한 대상물건의 가치하락분을 감정평가할 때에는 소음등이 발생하기 전의 대상물건의 가액과 소음등이 발생한 후의 대상물건의 가액 및 원상회복비용 등을 고려하여야 한다.
> ② 가치하락분에는 관련 법령에 따른 소음등의 허용기준, 원상회복비용 및 스티그마(STIGMA) 등을 고려하되, 일시적인 소음등으로 인한 가치하락 및 정신적인 피해 등 주관적 가치 하락은 제외한다. 다만, 가축 등 생명체에 대한 피해는 가치하락분에 포함할 수 있다.
> ③ 제1항에서 소음등의 발생 전과 발생 후의 대상물건의 가액은 거래사례비교법에 의한 비준가액이나 수익환원법에 의한 수익가액으로 산정하되 소음등이 발생한 후의 대상물건의 가액은 다음 각호와 같이 산정한다.
> 1. **비준가액**: 대상물건에 영향을 미치고 있는 소음등과 같거나 비슷한 형태의 소음등에 의해 가치가 하락한 상태로 거래된 사례를 선정하여 시점수정을 하고 가치형성요인을 비교하여 산정한다.
> 2. **수익가액**: 소음등이 발생한 후의 순수익을 소음등으로 인한 위험이 반영된 환원율로 환원하여 산정한다.
> ④ 가치하락분을 원가법에 의하여 직접 산정하는 경우에는 소음등을 복구하거나 관리하는 데 드는 비용 외에 원상회복 불가능한 가치하락분을 고려하여 감정평가한다.

5) 가치하락분 산정의 일반적인 원리

가치하락분은 결국 소음등이 발생하기 이전과 이후의 차이를 의미하므로, 소음 등이 발생하기 전 대상물건의 가치에서 소음등이 발생한 후 대상물건의 가치를 차감하여 산정한다.

6) 가치하락분의 제외요인 및 포함요인

> ① 포함요인
> ㉠ 객관적인 가치하락분
> ㉡ 관련법령 등에 따른 허용상황 및 원상회복에 소요되는 비용, 스티그마 효과
> ㉢ 가축이나 생명체에 발생한 피해
>
> ② 제외요인
> 일시적이거나 정신적인 피해 등 주관적인 가치하락

7) 스티그마 효과의 개념 및 특징

(1) 스티그마의 개념

스티그마란 환경오염의 영향을 받는 부동산에 대해 일반인들이 갖는 '무형의 또는 양을 잴 수 없는 불리한 인식'을 말한다. 즉, 스티그마는 환경오염으로 인해 증가되는 위험을 시장참여자들이 인식함으로 인하여 부동산의 가치가 하락을 야기하는 부정적인 효과를 의미한다.

(2) 스티그마의 성격

스티그마는 무형적이고 심리적 측면이 강하며, 확정되지 않는 부가적인 위험 요소에 대한 대중의 염려·공포에서 기인한다. 이는 부동산의 가치에 영향을 주는 모든 무형의 요인을 포함하고 있으며 대상부동산에 부정적 영향을 미치는 외부적 감가요인이다.

(3) 스티그마의 특징

① 오염 정화 전의 스티그마 감가는 정화 후의 스티그마보다 크다.
② 스티그마 감가는 주거용지에서 가장 크고, 공업용지에서 가장 작다.
③ 스티그마 감가는 오염원으로부터 멀어짐에 따라 감소한다.
④ 오염 정화 후 남게 되는 스티그마는 시간이 경과함에 따라 감소하고 소멸한다.

기출문제

제16회 문제 2

「감정평가에 관한 규칙」 제31조의2(소음 등으로 인한 토지 등의 가치하락분에 대한 평가)에 환경오염이 발생한 경우의 평가에 대한 기준을 제시하고 있다. 토양오염이 부동산의 가치에 미치는 영향과 평가시 유의사항에 대하여 설명하시오. (20점)

제25회 문제1

최근 부동산시장 환경변화로 부동산감정평가에서 고려할 사항이 늘고 있다. 감정평가 원리 및 방식에 대한 다음 물음에 답하시오. (40점)

물음 2) 토양오염이 의심되는 토지에 대한 감정평가안건의 처리방법을 설명하시오. (15점)

제27회 문제3

사회가 발전하면서 부동산의 가치가 주위의 여러 요인에 따라 변동하게 되었는바, 소음·환경오염 등으로 인한 토지 등의 가치하락분에 대한 감정평가와 관련하여 다음 물음에 답하시오. (20점)

물음 1) 가치하락분 산정의 일반적인 원리와 가치하락분의 제외요인 및 포함요인에 관해 설명하고, 부동산가격 제원칙과의 연관성에 관해 논하시오. (15점)

물음 2) 스티그마(STIGMA)효과의 개념 및 특징에 관해 설명하시오. (5점)

3. 임대료의 감정평가

1) 정의

① 임대료(사용료를 포함한다)란 임차계약에 기초한 대상물건의 사용대가로서 지급되는 금액을 말한다.

② 실질임대료란 임대인에게 지불되는 모든 경제적 대가를 말하며, 순임대료 및 필요제경비 등으로 구성된다.

③ 지불임대료란 각 지불시기에 지불되는 임대료로서 대상부동산의 순임대료의 일부 또는 전부와 대상부동산의 사용·수익을 위한 필요제경비 등으로 구성된다.

성격		순임료	필요제경비
실질 임료	지불임료	㉠ 일정액씩 매기 지불하는 임료 중 순임료액 ㉡ 부가사용료, 공익비 중 실비를 초과하는 금액	㉠ 감가상각비 ㉡ 유지수선비 ㉢ 손해보험료 ㉣ 세금 및 공과금 ㉤ 대손준비비 ㉥ 공실 등에 의한 손실액
		㉠ 예금적 성격을 갖는 일시금의 운용익(예 보증금 등) ㉡ 선불적 성격을 갖는 일시금의 상각액과 운용익(예 권리금 등)	-

④ 시장임대료란 대상물건이 통상적인 시장에서 충분한 기간 동안 거래를 위하여 공개된 후 그 대상물건의 내용에 정통한 당사자 사이에 신중하고 자발적인 임대차가 이루어질 경우 성립될 가능성이 가장 높다고 인정되는 대상물건의 임대료이다.

⑤ 계약임대료란 임대인과 임차인 간의 계약으로 인해 임대인이 임차인으로부터 받게 되는 매기간의 임대료이다.

⑥ 신규임대료란 기준시점 현재 임차인이 대상부동산을 최초로 사용·수익하기로 하고 그에 상응하는 경제적 대가를 임대인에게 지불하기로 한 경우의 임대료이다. 임대료 평가 시 신규임대료를 기준하는데, 이는 기준시점 당시 시장상황을 객관적으로 나타내기 때문이다.

⑦ 계속임대료란 기존의 임대차계약에 기반하여 계약을 갱신하는 경우 그에 따라 결정되는 임대료이다. 계약갱신의 경우 시장이 상대적으로 한정되어 한정임대료의 성격을 지니는 경우가 많다.

2) 자료의 수집 및 정리

임대료의 자료의 수집 및 정리는 해당 물건의 자료의 수집 및 정리 규정을 준용한다. 다만 추가적으로 대상물건과 대체·경쟁관계에 있는 대상물건의 임대사례 등도 조사하여야 한다. 특히 해당 임대차의 계약내용을 유심히 확인할 필요가 있다.

3) 임대료의 감정평가방법 (「감정평가에 관한 규칙」 제22조 및 제12조)

① 임대료를 감정평가할 때에는 임대사례비교법을 적용하여야 한다.
② 임대료 산정기간은 1월이나 1년을 단위로 하는 것을 원칙으로 한다.
③ 임대료는 산정기간 동안에 임대인에게 귀속되는 모든 경제적 대가에 해당하는 실질임대료를 구하는 것을 원칙으로 한다. 다만, 의뢰인이 보증금 등을 포함한 계약내용에 따라 지급임대료를 산정하도록 요청할 때에는 해당 계약 내용을 고려한 지급임대료를 구하되, 감정평가서에 그 내용을 적어야 한다.

4) 임대료산정의 시간

① 임대료의 기준시점
임대료의 기준시점은 임대료 결정의 기준이 되는 날로서 임대료산정 기간 내의 수익의 개시시점을 기점으로 한다. 통상적으로 그 기간의 초일이 된다.
예 매월 지급 시 월의 초일, 매년 지불시 연의 초일

② 임대료의 산정기간
임대료는 일정 기간동안 발생하는 사용가치에 대한 대가이므로 1개월이나 1년 단위로 산정하는 것을 원칙으로 한다.

③ 임대료의 실현시점
임대료의 실현시점은 수익이 종국적으로 실현되는 시점이다. 임대차에 있어서는 기간 말에 가서야 모든 수익이 실현되므로 임대차기간의 종료시점이 된다. 임대료는 서비스의 제공과 대가의 지불은 동시이행관계이므로 실현시점에 지불하게 된다. 그러나 실제 시장에서는 시초시점에 선불적으로 임대료 지불이 이루어지므로 임대인은 지불받은 임대료에 대하여 기간 내 운용수익을 추가적으로 얻는 것을 고려하여야 한다.

5) 임대권 및 임차권

(1) 정의
임대권은 소유자가 계약의 일방 당사자로서 대상부동산에 대해 가지는 법적인 권리이다. 임차권은 임차인이 계약의 일방 당사자로서 대상부동산에 대해 가지는 법적인 권리이다.

(2) 감정평가방법

- 임대권의 가치 = 임대기간 동안의 계약임대료 × PVAF + 계약기간 말의 복귀가치 × PVF
- 임차권의 가치 = (시장임대료 − 계약임대료) × PVAF + 임차자정착물의 복귀가치 × PVF

(3) 평가시 유의사항
임대권 평가시 시장임대료가 아닌 계약임대료에 의해 평가하여야 한다. 임차권 평가시 귀속 소득은 기간 말에 실현되므로 기간 말을 기준으로 할인하여야 한다. 또한 교환가치인 소유권의 가치는 시장가치를 기준하는 것으로 계약임대료에 기준한 임차권 및 임대권의 합과 상이할 수 있다. 이는 임대권 환원율과 임차권 환원율 차이, 임차인의 질적 차이에 따른 자본환원율의 차이, 최유효이용 여부 등에 기인한다.

6) 유의사항

임대료 평가시 실질임대료 산정을 원칙으로 한다. 이는 실질임대료가 임차인의 실질적 경제부담을 의미하기 때문이며, 지불임대료는 명목적인 임대료에 불과하며 필요제경비는 임대 계약의 조건 및 구체적 상황과 관련하여 개별성이 높기 때문이다.

★ 기출문제

제3회 문제3
계속임료의 각 평가방법에 대한 특징과 그 문제점을 설명하시오. (10점)

제6회 문제4
다음 용어를 간략하게 설명하시오. (10점)

물음 1) 임료의 가격시점

물음 2) 임료의 실현시점

물음 3) 임료의 산정기간

물음 4) 임료의 지불시기

제7회 문제1
　　최근 부동산 시장에서 임료의 감정평가가 점차 중요시되고 있다. 이에 있어 다음 사항을 논하시오. (40점)

물음 1) 가격과 임료와의 관계

물음 2) 신규임료와 계속임료의 평가방법과 유의점

물음 3) 부가사용료와 공익비의 차이점과 이들의 실질임료 산정 시 처리방법

물음 4) 임료의 시산가격 조정시 유의점

4. 권리금의 감정평가

1) 정의

① 권리금이란 임대차 목적물인 상가건물에서 영업을 하는 자 또는 영업을 하려는 자가 영업시설비품, 거래처, 신용, 영업상의 노하우, 상가건물의 위치에 따른 영업상의 이점 등 유형·무형의 재산적 가치의 양도 또는 이용대가로서 임대인, 임차인에게 보증금과 차임 이외에 지급하는 금전 등의 대가를 말한다(「상가건물임대차보호법」 10조의3).
② 유형재산이란 영업을 하는 자 또는 영업을 하려고 하는 자가 영업활동에 사용하는 영업시설, 비품, 재고자산 등 물리적·구체적 형태를 갖춘 재산을 말한다.
③ 무형재산이란 영업을 하는 자 또는 영업을 하려고 하는 자가 영업활동에 사용하는 거래처, 신용, 영업상의 노하우, 건물의 위치에 따른 영업상의 이점 등 물리적·구체적 형태를 갖추지 않은 재산을 말한다.

2) 자료의 수집 및 정리

권리금의 가격자료에는 거래사례, 수익자료, 시장자료 등이 있으며, 대상 권리금의 특성에 맞는 적절한 자료를 수집하고 정리한다. 유형재산의 경우에는 해당 물건의 자료의 수집 및 정리 규정을 준용한다.

3) 권리금의 감정평가방법(「감정평가에 관한 규칙」 제26조)

(1) 권리금의 감정평가 원칙

① 권리금을 감정평가할 때에는 유형·무형의 재산마다 개별로 감정평가 하는 것을 원칙으로 한다.
② 제1항에도 불구하고 권리금을 개별로 감정평가하는 것이 곤란하거나 적절하지 아니한 경우에는 일괄하여 감정평가할 수 있다. 이 경우 감정평가액은 합리적인 배분기준에 따라 유형재산가액과 무형재산가액으로 구분하여 표시할 수 있다.

(2) 유형재산의 감정평가 원칙

① 유형재산을 감정평가할 때에는 원가법을 적용하여야 한다.
② 제1항에도 불구하고 원가법을 적용하는 것이 곤란하거나 부적절한 경우에는 거래사례비교법 등으로 감정평가할 수 있다.

(3) 무형재산의 감정평가

① 무형재산의 감정평가방법

① 무형재산을 감정평가할 때에는 수익환원법을 적용하여야 한다.
② 제1항에도 불구하고 수익환원법을 적용하는 것이 곤란하거나 부적절한 경우에는 거래사례비교법이나 원가법 등으로 감정평가할 수 있다.

② 수익환원법의 적용

무형재산을 수익환원법으로 감정평가할 때에는 무형재산으로 인하여 발생할 것으로 예상되는 영업이익이나 현금흐름을 현재가치로 할인하거나 환원하는 방법으로 감정평가한다. 다만, 무형재산의 수익성에 근거하여 합리적으로 감정평가할 수 있는 다른 방법이 있는 경우에는 그에 따라 감정평가할 수 있다.

③ 거래사례비교법의 적용

무형재산을 거래사례비교법으로 감정평가할 때에는 다음 각 호의 어느 하나에 해당하는 방법으로 감정평가한다. 다만, 무형재산의 거래사례에 근거하여 합리적으로 감정평가할 수 있는 다른 방법이 있는 경우에는 그에 따라 감정평가할 수 있다.
1. 동일 또는 유사 업종의 무형재산만의 거래사례와 대상의 무형재산을 비교하는 방법
2. 동일 또는 유사 업종의 권리금 일체 거래사례에서 유형의 재산적 가치를 차감한 가액을 대상의 무형재산과 비교하는 방법

④ 원가법의 적용

무형재산을 원가법으로 감정평가할 때에는 대상 상가의 임대차 계약 당시 무형재산의 취득가액을 기준으로 취득 당시와 기준시점 당시의 수익 변화 등을 고려하여 감정평가한다. 다만, 무형재산의 원가에 근거하여 합리적으로 감정평가할 수 있는 다른 방법이 있는 경우에는 그에 따라 감정평가할 수 있다.

(4) 유형재산과 무형재산의 일괄평가

① 유형재산과 무형재산을 일괄하여 감정평가할 때에는 수익환원법을 적용하여야 한다.
② 제1항에도 불구하고 수익환원법을 적용하는 것이 곤란하거나 부적절한 경우에는 거래사례비교법 등으로 감정평가할 수 있다.

기출문제

제25회 문제4

정부에서 추진 중인 상가권리금 보호방안에 제도화될 경우 권리금 감정평가업무에 변화가 나타날 것으로 예상된다. 이에 관한 상가권리금에 대해 설명하시오. (10점)

제28회 문제4

영업권과 상가권리금을 비교 설명하시오. (10점)

■ **참고문헌**

국토교통부 감정평가실무기준
한국감정평가사협회 감정평가실무기준해설
감정평가론 경응수
한국감정평가사협회 리포트

■ **도움을 주신 분**

강의를 하기까지 많은 도움을 주셨던 황운선 평가사님, 제 시간에 책이 발간될 수 있도록 편집에 힘써주신 김상범 평가사님, 이론의 뿌리가 되어주신 어정민 평가사님, 오성범 평가사님께 감사드립니다.

MEMO

김유안

약력
- 현 | 해커스 감정평가사학원 감정평가이론 강사
- 현 | ㈜감정평가법인 감동 지사장
- 현 | KS ASSET GROUP 부동산컨설팅 전문위원 이사
- 전 | 에듀윌 감정평가사학원 감정평가이론 강사
- 전 | ㈜가람 감정평가법인
- 전 | CJ 제일제당

저서
- 해커스 감정평가사 김유안 감정평가이론 2차 기본서 1권 총론
- 해커스 감정평가사 김유안 감정평가이론 2차 기본서 2권 각론

2026 대비 최신판

해커스 감정평가사
김유안 감정평가이론
2차 | 기본서 | 2권 각론

초판 1쇄 발행 2025년 9월 1일

지은이	김유안 편저
펴낸곳	해커스패스
펴낸이	해커스 감정평가사 출판팀
주소	서울특별시 강남구 강남대로 428 해커스 감정평가사
고객센터	1588-2332
교재 관련 문의	publishing@hackers.com
	해커스 감정평가사 사이트(ca.Hackers.com) 1:1 고객센터
학원 강의 및 동영상강의	ca.Hackers.com
ISBN	979-11-7404-446-4 (13360)
Serial Number	01-01-01

저작권자 ⓒ 2025, 김유안

이 책의 모든 내용, 이미지, 디자인, 편집 형태는 저작권법에 의해 보호받고 있습니다. 서면에 의한 저자와 출판사의 허락 없이 내용의 일부 혹은 전부를 인용, 발췌하거나 복제, 배포할 수 없습니다.

한 번에 합격!
해커스 감정평가사 ca.Hackers.com

해커스 감정평가사

- 김유안 교수님의 **본 교재 인강** (교재 내 할인쿠폰 수록)
- 해커스 스타강사의 **감정평가사 무료 특강**